Stout is leuker

Linda Prins

Stout is leuker

uitgeverij marmer

1

'Hoelang nog, mam?'

Onwillig maak ik me los uit mijn gemijmer en draai me om. Sven rekt zich verveeld uit op de achterbank, in zijn rechterhand zijn telefoon.

Ik kijk opzij.

'Twintig minuten nog.' Henri houdt zijn ogen strak op het asfalt gericht, een verbeten trek om zijn mond.

Door het zijraam van de auto staar ik weer naar het landschap, dat voorbijflitst in de warme gloed van de late middagzon. Een lappendeken van weilanden met hier en daar een zuivelboerderij of een half in het groen verscholen woonhuis.

Ongemerkt trek ik me weer terug in mijn droomwereld, stiekem speurend naar de meest geschikte, liefst met riet bedekte huizen in de langsglijdende omgeving. In de luttele seconden van het passeren ontvouwt zich in mijn fantasie daar, op een terras onder de begroeide pergola, steeds opnieuw een romantische scène. Ik zie mezelf staan als een bloedmooie vrouw met weelderige lange krullen, eindeloze benen en een glimlach vol beloften. Voor me staat een spannende, onbekende man die me liefdevol aankijkt, onze glazen volschenkt en me vervolgens hunkerend tegen zich aantrekt. De afloop van mijn verzonnen rendez-vous blijft telkens verborgen, het beeld verdwijnt even snel als het gekomen is.

Henri had de uitnodiging voor vanavond, een reünie van zijn survivalweek in de Ardennen, weken geleden ontvangen. Op mijn verzoek had hij doorgegeven dat we iets later zouden komen. Hij was al niet blij, maar uitgerekend vandaag liep mijn laatste college over pedagogiek ook nog eens uit. Stuiterend door alle nieuw opgedane kennis kwam ik tegen halfvijf thuis, waar Henri me stond op te wachten met een cynische blik en boze rimpel in zijn voorhoofd. Ik probeerde uit te leggen waarom ik zo laat was, maar hij wilde het niet horen. Douchen en omkleden kon ik wel vergeten. Snel trok ik een pak crackertjes uit de kast en een paar flesjes water, ondertussen de verwijten aanhorend. Of ik wel wist hoe ver rijden het was. En dat iedereen er waarschijnlijk allang zou zijn. Alsof ik zat te wachten op die reünie. Mensen die elkaar vrijwel nooit zien en dan op zo'n avond plotseling overdreven enthousiast met elkaar op de foto willen en roepen dat hun avontuurlijke reis zeker weer voor herhaling vatbaar is. En wie had trouwens bedacht om het helemaal in Friesland te organiseren?

In de verte zie ik hoe het vlakke groene land wordt onderbroken door een gebouw, met ernaast een grote donkere vlek waarin hier en daar iets schittert in de laagstaande zon. Als we dichterbij komen blijkt de vlek een erf vol auto's te zijn. Zelfs langs de kant van de smalle polderweg staan ze, sommige half weggezakt in de drassige berm. Henri parkeert de parelmoerkleurige SUV achter de laatste auto om er vervolgens achter te komen dat ik er zo niet uit kan. Nijdig rijdt hij de auto weer achteruit de weg op, ik hoor de wielen slippen in de modder. Zodra we stilstaan springt Sven uit de auto en loopt zijn stoer-nonchalante loopje in de richting van het huis. Hij heeft het groepje tieners al buiten zien staan en gaat er direct op af. Over hem hoef ik me geen zorgen te maken. Al van kleins af aan maakt onze zoon overal vrienden waar hij komt. Zelfs wanneer we vroeger op een camping in Zuid-Frankrijk kwamen had hij binnen tien minuten vriendjes en vriendinnetjes. Franstalig, Duits, Engels, het maakt niet uit, Sven praat met iedereen.

Mijn blik valt nu op de kolossale boerderij, rechts van de parkeerplaats. Aan de voorkant lijkt het een stolp, maar het achterste deel ontbreekt, alsof het hele gebouw in de breedte is doorgesneden. In plaats daarvan is er een enorme stal aan de achterzijde tegen het huis aangebouwd in dezelfde roodbruine bakstenen als het woonhuis. Aan de voorkant van het huis, in het midden boven de imposante voordeur, zie ik een kleine dakkapel uit het schuine dak naar voren steken, versierd met een lijst van witgeschilderd houtsnijwerk.

Ik loop al in de richting van de voordeur als er een

gezette man met borstelig grijs haar en een knalrode fleecetrui de hoek om komt. Met uitgestoken hand en brede glimlach loopt hij op ons af.

'Fijn dat jullie er zijn, hoe gaat-ie? Was het een lange rit? Jullie zullen wel honger hebben. Dat komt goed uit, het buffet is zojuist geopend.'

Hij wacht onze antwoorden niet af en neemt ons mee over het grindpad, naar de zijkant van de stal. Sven moet het woord 'buffet' gehoord hebben, want hij komt onmiddellijk naar ons toe. Ongemakkelijk knars ik met mijn hooggehakte laarzen over de zandkleurige hoekige steentjes. Achter de stal, midden in het weiland, zie ik een grote witte tent staan. Als we dichterbij komen hoor ik hoe het geluid van muziek wedijvert om de meeste decibellen met het geroezemoes van stemmen. Een licht paniekgevoel overvalt me terwijl de fleecetrui een witte flap van zeildoek, die dienstdoet als entree van de tent, voor ons openhoudt.

'Zo, hier is het. Links de drank, achterin staat al het eetwerk. Jullie redden je wel, hè.'

Ik zie hoe Sven recht op de indrukwekkende hoeveelheid voedsel afgaat. Een veertienjarige heeft volgens mij gewoon altijd honger. Onvoorstelbaar wat die jongen kan eten, en dan nog is hij graatmager.

'Ga jij alvast maar met hem mee om iets te eten.' Henri kijkt me even aan en gebaart dat ik achter Sven aan moet gaan. Ondertussen komen er een paar mannen op hem af. Ze slaken enthousiaste kreten. Ik zie klappen op schouders, knuffels en stevige handdrukken. Hier komen we natuurlijk voor. Het is duidelijk dat Henri een graag geziene gast is in dit gezelschap. Ik ben het wel gewend. Met zijn lengte, slanke postuur en zongebruinde gezicht is hij vaak het middelpunt in gezelschap. Ik zie soms ook hoe vrouwen reageren op zijn innemende lach en vlotte babbel. Ondanks zijn grijzende slapen is hij nog steeds een knappe man. Ook ik viel lang geleden als een blok voor die mysterieuze groene ogen en zijn destijds half-lange donkere haar. En hij koos voor mij. Een prachtig stel waren we, de wereld lag aan onze voeten. Maar ergens onderweg zijn we elkaar kwijtgeraakt, besef ik op dit moment meer dan ooit.

Een van de mannen uit het gezelschap komt op mij afgelopen.

'En jij bent dus Eva, aangenaam, ik ben Alec.' De uitgestoken hand knijpt zo hard dat mijn trouwring pijnlijk in mijn vingers drukt.

'Nou, die man van jou, dat is me er een, hoor.'

Hij knipoogt er veelbetekenend bij. Ik doe mijn best om te glimlachen. Iets terugzeggen heeft geen zin, Alec is alweer weg. Het groepje verplaatst zich richting bar waar één van hen met grote luchtbogen glazen tapbier aanreikt. Er klinkt een toast, een soort yell waar ik niets van begrijp. Ik voel me ongemakkelijk en kijk voorzichtig om me heen. Allemaal groepjes mensen die elkaar goed lijken te kennen. Hoe kom ik in hemelsnaam deze avond door?

Een paar meter bij me vandaan zie ik een lange jongen staan met een stoere donkere kuif en een piercing in zijn onderlip. Hij staat er nonchalant bij, zijn handen in zijn zakken. Met een bijna brutale blik kijkt hij rond en wanneer zijn ogen de mijne kruisen blijft hij me even aankijken. Dan zie ik hoe hij een pakje sigaretten uit de zak van zijn korte leren jack vist en door de flap naar buiten verdwijnt. Ik besluit om iets te gaan eten. Sven zie ik in de hoek van de tent met het groepje jongelui praten en lachen. Ik leg een stokje saté en een paar stukjes stokbrood op een wankel plastic wegwerpbordje en probeer zelfverzekerd te kijken terwijl ik bij de bar een droge witte wijn bestel. Het ziet ernaar uit dat ik terug moet rijden, maar één wijntje moet kunnen, zeker zo vroeg op de avond. Vanaf de lege statafel in de hoek probeer ik te ontdekken wie bij wie hoort. Henri en het groepje mannen staan hard te lachen om de herinnering aan een voorval tijdens hun survivalweek in de Ardennen. Eén van hen maakt wilde gebaren terwijl hij de harde landing van toen probeert na te doen.

'Populaire jongen, hè, die man van je. Hij zou alleen wel een beetje meer naar jou om mogen kijken.'

Ik draai me om en kijk recht in de ogen van de jongen met de piercing.

'Joey. Mijn vrienden noemen me Joe.' Hij steekt zijn hand naar me uit.

'Eva.'

Het komt er bijna fluisterend uit, merk ik.

'Je zoon heeft het wel naar zijn zin hier. En jij?'

'Ach...' Ik haal mijn schouders op. 'Met wie ben jij hier?'

Hij maakt een knikbeweging in de richting van een stel dat aan een lange tafel zit te eten.

'Met mijn ouders en mijn broer. Hij en mijn vader gaan elk jaar mee met die sportvakanties. Ze wilden graag dat ik meeging hierheen. Wist ik veel dat het zo'n pokkeneind rijden was.'

Plotseling loopt hij weg richting bar en komt terug met een biertje en een witte wijn. Ik protesteer even, denkend aan de rit naar huis vanavond.

'Kan wel', zegt hij. We raken in gesprek. Hij stelt veel vragen, ik zie zijn ogen oplichten wanneer ik hem vertel dat ik studeer. 'Serieus? Wat voor opleiding doe je dan?' Hij wil er alles over weten. Ik raak niet uitverteld, Joe hangt aan mijn lippen. Er is zeker een uur voorbij als hij voorstelt om even naar buiten te gaan zodat hij kan roken. Sven is ook de tent uit gegaan, samen met zijn nieuwe vrienden. Ze staan luidruchtig pratend op het boerenerf. Ik zie hoe hij af en toe een slok neemt uit het bierglas in zijn hand. Hij kijkt even in mijn richting. De manier waarop zijn mondhoeken een soort grijnsbeweging maken doet me vermoeden dat het niet zijn eerste glas is. Ik had beter op hem moeten letten. Geschrokken loop ik naar hem toe.

'Doe je een beetje rustig aan? Dit hadden we niet afgesproken, ik wil dat je overgaat op frisdrank.' Ik kijk hem aan, maar hij wuift het weg met een 'ja, ja, ik weet het'.

Als ik terugloop naar de plek waar ik Joe heb achtergelaten, zie ik hem geamuseerd naar me kijken, sigaret in de ene hand, de andere nonchalant in zijn broekzak.

'Laat hem maar, hij heeft het leuk toch?' zegt hij. Ik probeer het opkomende gevoel van ongerustheid te negeren.

'Vertel verder.' Joe kijkt me indringend aan. Ik aarzel even en vervolg dan mijn verhaal, over hoe ik als kind altijd al juf wilde worden maar door allerlei omstandigheden de stap nooit eerder heb gezet. En hoe er een jaar geleden een prachtige laatste kans op mijn pad kwam en ik besloot om alsnog de knoop door te hakken en er helemaal voor te gaan. Hoe kon ik weten dat deze beslissing mijn leven volledig op zijn kop zou zetten? En nu is er geen weg terug meer. Dit is wat ik altijd heb gewild. Studeren, mezelf ontwikkelen, iets betekenen, iemand zijn. Niet meer slechts de vrouw-van, de moeder en huisvrouw die de koelkast gevuld houdt en zorgt dat alles loopt zoals het hoort te lopen, die wanhopig probeert orde te scheppen in een huishouden dat vaak voelt als een verloren zaak. Ik praat maar door tegen die wildvreemde jongen, de woorden komen, als een pan die overkookt waarbij niemand op het idee komt om het vuur uit te zetten. Hij legt zijn hand in mijn nek.

'Kom,' zegt hij, 'we gaan naar binnen.'

Ik speur de ruimte bij de bar af. Op dat moment zie ik Henri op me afkomen. Zijn gezicht staat op onweer, dit belooft niet veel goeds. Hij vraagt me waar Sven is, ik antwoord dat hij buiten staat. Iemand moet hem verteld hebben dat zijn zoon bier aan het drinken is. Als ik hem door de flap zie verdwijnen voel ik hoe een alarmerende vlaag van misselijkheid door mijn maag trekt. Joe duwt een glas wijn in mijn handen en kijkt me vragend aan. Voordat ik iets kan zeggen is Henri terug. Hij komt recht op me af.

'Pak je jas. We gaan!'

Hij zegt het zo hard dat het geroezemoes verstomt. Iedereen kijkt ons aan. Even voelt het alsof alles om me heen stilstaat, alsof het beeld secondenlang wordt stopgezet. Dan hoor ik het. Het komt uit mij.

'Ga jíj maar. Sven en ik blijven hier.'

Het kan niet. Dit heb ik niet gezegd. Ik kijk Henri strak aan. Hij ziet eruit alsof hij me aan mijn haren gaat meeslepen naar de auto, maar op dat moment staat de rode fleecetrui bij ons.

'Jongens, jongens, rustig. Niks aan de hand. Jullie blijven gewoon hier, slaapzakken genoeg.'

Ik hou mijn adem in en wacht af. In Henri's ogen zie ik iets dat ik nooit eerder heb gezien en dat me bang maakt.

'Oké, doe wat je wilt. En zie maar hoe je thuiskomt. Ik ga.' Hij zegt het ogenschijnlijk kalm, maar ik zie hoe hij kookt van woede. Dit kan niet, hij heeft gedronken! Terwijl hij naar de uitgang van de tent loopt, roep ik hem nog na: 'Bel even als je thuis bent!'

Sven komt op me aflopen.

'Mam?'

Ik doe mijn best om geruststellend naar hem te glimlachen en zeg dat we nog even blijven.

'Papa is erg boos, hè.'

Ik zie aan hem dat het hele voorval hem verwart.

'Ja, je vader en ik hebben een meningsverschil. Maak jij je er maar niet druk om.'

Hij kijkt me aan en in zijn blik zie ik een mengeling van pijn en medelijden. Dan pakt hij me bij mijn arm en neemt me mee naar buiten, naar het groepje jongelui. Een paar meisjes hebben zo erg de slappe lach dat ze amper kunnen blijven staan.

'Waar was je nou?' Eén van hen valt Sven om zijn nek.

'Dit is mijn moeder.' Geschrokken laat ze hem los en begroet me met een bedeesd 'Hoi'. Dan volgen er allerlei vragen. Of ik echt studeer en juf wil worden, of we ook blijven slapen. Een stevige jongen met vuurrood haar en een vrolijke sproetenkop reikt me een glas wijn aan en slaat Sven op zijn rug met een amicaal 'Zo broeder, leuke moeder heb je!'. Kennelijk vinden ze het niet erg dat ik bij hen sta. Voorzichtig kijk ik om me heen. Joe is nergens meer te bekennen. Sinds de ruzie en het vertrek van Henri heb ik hem niet meer gezien.

2

Het loopt tegen halfdrie als de rode fleecetrui door een microfoon aankondigt dat het tijd wordt om te gaan slapen. Ineens rent iedereen door elkaar en wordt er druk gesleept met beddengoed dat uit auto's op de parkeerplaats tevoorschijn komt. Ik volg de slaapzakken en ontdek een ingang aan de achterzijde van de enorme stal. In het ontnuchterende licht van de tl-balken zie ik hoe de helft van de stal is ingericht als hooiberg. Giechelend zoeken de gasten een plekje om hun geïmproviseerde bed in te richten. De sfeer doet me denken aan het schoolkamp in het bos laatst met mijn stageklas, al die luchtbedden op een rij in dat tochtige scoutinggebouw.

Een mollige vrouw van een jaar of vijftig die ik de hele avond nog niet heb gezien komt op me af met twee blauwgroen geblokte slaapzakken over haar arm.

'Hoi, ik ben Marja. Bert zei dat jij en je zoon blijven slapen. Ik hoop dat dit genoeg is, kussens heb ik helaas niet voor je.'

Ze lacht verontschuldigend naar me.

'Tandenpoetsen kun je binnen in de boerderij.'

Ik bedank haar en ga op zoek naar Sven. Hij staat nog steeds bij het groepje op het erf en vertelt me enthousiast dat ze hebben afgesproken om met z'n allen bij elkaar te gaan liggen om te slapen. Logisch. Plotseling voel ik me koud en eenzaam. Ik draai me om en loop door de stal de boerderij in, op zoek naar een kraan. Balen dat ik niets bij me heb, geen toiletspullen, geen badhanddoek, niets. Snel fris ik mijn gezicht en handen een beetje op en zoek een plekje in de hooiberg. Sven heeft zijn slaapzak al gepakt. Ik zie hoe hij met de anderen op een rijtje een eindje verderop is gaan liggen. Het is koud, zo koud dat ik besluit om alleen mijn laarzen uit te doen en verder met mijn kleren aan in de slaapzak te kruipen. De vele glazen wijn hebben er niet voor kunnen zorgen dat ik het warm heb gekregen, maar mijn hoofd voelt alsof ik in een kermisattractie zit.

'Ligt iedereen? Dan gaat het licht uit.'

Bert wacht het antwoord niet af, plotseling is er alleen nog maar duisternis. Even nog hoor ik gejoel en gelach, dan wordt het stil. Het stugge hooi prikt nog net niet door de slaapzak heen in mijn wang. Langzaam komt er een snurkconcert op gang, het bekende geluid van mannen die op hun rug slapen na te veel bier. Hier lig ik dan, rillend in een te dunne slaapzak in een polder ver van huis, me afvragend hoe ik zo'n idiote beslissing heb kunnen nemen.

Ineens voel ik hoe de rand van mijn slaapzak wordt opgetild en hoe iemand er vanaf de bovenkant centimeter voor centimeter naast mij in kruipt. Als verlamd lig ik daar, terwijl een warm hard jongemannenlijf tegen me aan komt liggen. Het is Joe! Mijn hart gaat tekeer als een bezetene. Zijn hand zoekt mijn gezicht en ik voel zijn lippen op de mijne. Hij zoent me, eerst voorzichtig, daarna steeds heftiger. Ik reageer als verdoofd, alsof ik het niet ben. Het is zo onwerkelijk. Zijn handen gaan ondertussen over mijn lijf, mijn heupen, mijn rug. Hij fluistert waanzinnige dingen in mijn oor.

'Waarom ik?' fluister ik.

'Heb je geen spiegels thuis of zo?', antwoordt hij zachtjes.

Hij gaat maar door, streelt mijn borsten en terwijl hij me blijft zoenen voel ik zijn hand friemelen aan de knoop van mijn jeans.

'We moeten hier weg, straks hoort iemand ons', fluistert hij.

Ergens diep in mijn vertroebelde brein weet ik dat dit moment misschien wel bepalend gaat worden voor de rest van mijn leven, maar het is te laat. Op blote voeten sluipen we de stal uit en sluiten heel voorzichtig de krakende staldeur. Joe pakt mijn hand. Samen lopen het we het erf over, het drassige weiland in tot ver achter de partytent, waar niemand ons kan zien. Daar stopt hij, laat mijn hand los, trekt zijn jack uit en spreidt hem uit op het natte gras. Dan komt hij overeind en trekt me aan mijn schouders naar zich toe. Zijn snelle ademhaling maakt wolkjes die wit oplichten in het zwakke schijnsel van de maan. Ik voel hoe hij gehaast de knoop en rits van mijn broek losmaakt. Met zijn handen sjort hij mijn broek en mijn slipje tegelijk vanaf mijn heupen omlaag. Hij zit nu op zijn hurken voor me. Plagend beroert zijn tong even mijn intieme driehoekje, dan pakt hij mijn handen, trekt me mee naar beneden en duwt me achterover. De gladde voeringstof van zijn jack voelt ijskoud aan op mijn blote huid. Hij buigt zich over me heen, zijn handen en zijn tong vinden plekjes waarvan ik niet eens wist dat ik ze had. Een weg terug is er niet meer, willoos geef ik me aan hem over.

Terug in de stal proberen we dicht tegen elkaar aan weer warm te worden. We moeten minstens een uur in de bijna-vrieskou hebben doorgebracht. Mijn voeten voelen aan als klompen ijs. Langzaam voel ik hoe we samen weer op temperatuur komen terwijl hij tegen me aan in slaap valt. Ik staar in het duister, duizend gedachten tollen door mijn hoofd.

Ik word wakker van de zon die precies op mijn gezicht schijnt door een van de halfronde stalraampjes. Mijn ogen voelen plakkerig aan door de mascara die nog op mijn wimpers zit. Ik kijk naast me en zie Joe liggen, in diepe slaap. Leunend op mijn elleboog bestudeer ik zijn gezicht en zie de vlassige donkere haartjes op zijn bovenlip die verraden wat gisteravond in het donker nog verborgen bleef. Van de stoere, uitdagende uitstraling is niets te bekennen. Zo geruisloos mogelijk sta ik op en loop met mijn laarzen in mijn hand wankelend over het hooi richting uitgang. Ik knipper even tegen het felle zonlicht en zie dan een paar picknicktafels tegen de gevel van de stal staan. Stonden die er gisteren ook al? Ik kan het me niet herinneren. Op de tafels staan thermoskannen, bekers en wegwerpbordjes.

Marja komt aanlopen met een mand vol broodjes die ze met een goedlachs 'Goedemorgen' voor me neerzet. Ik vraag haar of ik me even kan opfrissen in de boerderij. Als ik in de spiegel kijk schrik ik me rot. Compleet verkreukeld! Mijn haar in de war, mijn make-up uitgeveegd over mijn wangen. Eén van de meisjes die ik herken van het groepje bij Sven komt slaperig binnenlopen met een toilettas onder haar arm. Ik vraag haar of ik haar spullen mag gebruiken. Geen probleem. Met geborstelde haren en mijn make-up een beetje bijgewerkt ga ik weer naar buiten en plof neer op een harde houten bank. De donkere kringen onder mijn ogen heb ik niet kunnen verhullen. Inmiddels zijn er al meer mensen aangeschoven. Ik zie hoe Joe de stal uit komt, zijn lichtblauwe jeans zit onder de moddervlekken. Zonder me aan te kijken steekt hij een sigaret op en loopt in de richting van de partytent, waar hij om de hoek verdwijnt. Als hij terugkomt zie ik hoe hij de peuk uittrapt in het natte gras. Dan loopt hij op me af en komt naast me zitten. Hij pakt een broodje uit de mand voor hem, smeert er een dikke laag jam op en legt het voor me neer.

'Hier, goed voor je', zegt hij zacht.

Ik schenk koffie voor ons beiden in maar hij staat op en loopt de tent in. Even later komt hij weer naar buiten met in zijn rechterhand een fles witte wijn. Hij draait de dop eraf, schenkt een plastic beker vol en zet hem voor me neer.

'Helpt tegen de kater', zegt hij.

Ik voel hoe iedereen naar ons kijkt. Niemand zegt iets. Misschien verbeeld ik het me maar. De anderen kunnen onmogelijk iets hebben gemerkt vannacht. Dan pakt hij mijn telefoon van tafel en houdt die voor mijn gezicht. Dat heeft ook weinig zin als beveiliging, bedenk ik. Ik zie nu dat hij zijn eigen mobiel ook gepakt heeft. Geen idee wat hij aan het doen is. Even later buigt hij zich naar mij toe en fluistert: 'Ik heb onze nummers uitgewisseld.'

Het is tijd om te gaan. Joes ouders hebben aangeboden om Sven en mij thuis af te zetten. Ze wonen niet ver bij ons vandaan en hun auto is ruim genoeg voor zes personen. Joe weet het zo te regelen dat hij naast me zit. De hele weg praat hij met Sven, die aan de andere kant van hem zit. Af en toe krijg ik een plagerige opmerking van hem. Bij ons huis aangekomen geeft hij me keurig drie zoenen.

'Tot de volgende reünie.'

Hij zegt het met een knipoog. De auto rijdt de hoek om en weg zijn ze. Ik voel me vies, verward, kapot. Nerveus loop ik naar de voordeur en steek de sleutel in het slot. Binnen zie ik Henri aan de eettafel zitten. Hij is aan het werk en mompelt iets van een groet. De ruzie lijkt bedaard, Henri zegt er tenminste niets meer over. Sven gaat naar zijn kamer en ik stap direct onder de douche. De verjaardag met barbecue, later die middag in de achtertuin bij vrienden, gaat als een weinig indrukwekkende film aan me voorbij. Die avond ga ik vroeg naar bed en val als een blok in slaap. Ik schrik wakker van het geluid van twee vechtende katten buiten en tuur naar de wekker. De rood verlichte cijfers staren terug, 03:38. Het slapen wil niet meer lukken. Na uren piekeren neem ik een besluit: ik ga straks naar mijn zus en vertel haar het hele verhaal.

3

'Jullie hebben het toch wel veilig gedaan?' Leonie pakt me bij mijn schouders en houdt me even van zich af, haar wenkbrauwen gefronst.

'Veilig?' Het duurt even voordat de vraag tot me doordringt.

'Eef, dit meen je niet!' Ze loopt naar de eettafel en pakt haar telefoon. 'Dan gaan we nú de huisarts bellen. Wat een timing, alsof we nog niet genoeg problemen hebben.'

Ik weet waar ze op doelt. De zware hersenoperatie van onze vader is nog maar een paar weken geleden. Onze pa, al jaren tobde hij met zijn gezondheid. Slijtage door het jarenlange zware werk in de bouw, zo zeiden de artsen. Lichamelijk zagen we hem steeds verder achteruitgaan. Uiteindelijk werden de klachten zo erg dat besloten werd om een scan te maken. Na weken van onzekerheid kwam eindelijk de diagnose. Een tumor in de hersenstam ter grootte van een stuk handzeep, die vertakt was tussen de bovenste nekwervels en daar het ruggenmerg opzij drukte. Geen wonder dat hij uitvalverschijnselen had in zijn armen, met zijn been sleepte en verging van de pijn. Een operatie was onvermijdelijk en moest binnen enkele weken gebeuren, anders zou hij het zeker niet overleven. Zelfs voor de geroutineerde neurochirurg was de twaalf uur durende operatie een riskante klus. Onze moeder, Leonie en ik kregen het advies om voor alle zekerheid afscheid te nemen van onze zo geliefde echtgenoot en vader. Angstig zaten we op de dag van de ingreep met elkaar te wachten op een bericht. Tegen de avond kwam eindelijk het verlossende telefoontje dat de operatie geslaagd was en konden wij onze vreugdetranen laten gaan.

En nu is het afwachten hoe hij zal herstellen, of hij nog zal kunnen lopen. De bovenwoning met steile trap hebben mijn ouders inmiddels verruild voor een kleine aanleunwoning bij Leonie om de hoek. Zij en haar man Thijs hebben het huisje in een week tijd prachtig voor hen opgeknapt. Behangen, de deuren en kozijnen geschilderd en alles verhuisklaar gemaakt.

'Hou jij je nou maar bij je studie', zei Leonie toen ik vroeg of ik ook ergens mee kon helpen, maar de kringen onder haar ogen en haar doffe blik zeiden iets heel anders.

Geen idee wat Leonie precies tegen de doktersassistente heeft gezegd maar het heeft in elk geval geholpen. Ik kan direct komen. Trillend en vol schaamte vertel ik de dokter wat er is gebeurd. Hij reageert fantastisch, stelt me op mijn gemak, zegt dat het de beste kan overkomen en komt dan met zijn plan.

'Ik schrijf je twee kuren voor tegen eventuele geslachtsziekten en over drie maanden doen we een aidstest.'

Geschokt staar ik hem aan. Hoe heb ik zo naïef kunnen zijn! Ondertussen tuurt hij naar zijn computerscherm.

'Je bent niet aan de pil, zie ik. Tja, ik hoop dat de morning-afterpil dan nog wel werkt. En bel die man met wie het gebeurd is voor de zekerheid nog even om te vragen hoe het met zíjn gezondheid zit.'

Wat klinkt het gek, 'die man'. In het verhaal dat ik zojuist aan de dokter heb verteld, heb ik voor alle zekerheid maar weggelaten dat mijn verleider hooguit twintig was.

Als een robot loop ik naar de deur met de recepten in mijn hand. Even later sta ik in de apotheek en zie hoe het personeel in mijn richting kijkt. Sommigen fluisteren met elkaar. Ze kennen me. Hoe vaak kom ik hier niet om medicijnen te halen voor mijn vader? Ik probeer terug te kijken met een stalen gezicht. Ondertussen vraag ik me af hoe het zou zijn om jezelf onzichtbaar te kunnen maken en ongemerkt door de glazen schuifdeuren te verdwijnen.

De volgende ochtend raap ik al mijn moed bij elkaar en stuur Joe een whatsappberichtje met de mededeling dat ik hem wil spreken. Hij reageert direct: *Eindelijk, was al bang dat ik niks meer van je zou horen. Kom vanmiddag naar me toe.* Hij geeft me zijn adres. Zenuwachtig bij de gedachte hem straks weer te zien ga ik die middag op pad.

Ik stap uit mijn auto en zie hem dan in de deuropening staan, leunend tegen het kozijn. Mooie Diesel jeans, wit mouwloos hemd. Hij ziet er goddelijk uit. Als ik naar binnen wil gaan trekt hij me tegen zich aan, maar ik hou hem tegen. Ik vertel hem dat ik bij de huisarts ben geweest. Hij vloekt, er klinkt teleurstelling in zijn stem. Ik probeer iets van emotie te ontdekken in zijn gezicht terwijl hij luistert naar mijn verhaal over de medicatie die ik voorgeschreven heb gekregen.

'Je maakt je veel te druk, er is niets aan de hand. Ik ben volkomen gezond.' Hij lacht naar me. Ik probeer zijn uitdagende blik te negeren. We praten nog een poosje en als ik wegga zoent hij me op mijn mond. Zonder om te kijken loop ik naar mijn auto. Nog voordat ik de motor heb gestart hoor ik een berichttoon uit mijn tas. Een paar straten verder zet ik mijn auto langs de kant en graai mijn telefoon uit het voorvakje.

Dacht dat je hier kwam omdat je míj wilde, maar...

Ik voel spijt en opluchting tegelijk, moet steeds aan hem denken, voel me schuldig, ellendig en verward. De dagen daarna stuurt hij af en toe berichtjes. Hij houdt het lijntje in stand maar ik weet dat hij een spelletje speelt, dat het onmogelijk is. Hij heeft geen idee wat er op het spel staat. Ik moet hem vergeten. De weken die volgen voelen onwerkelijk. Ik doe alles op de automatische piloot. De uren op school kruipen voorbij, ik kan mijn aandacht nauwelijks bij de lessen houden. Mijn gedachten dwalen telkens af naar mijn nachtelijke avontuur in het Friese weiland. Keer op keer vraag ik me af hoe het heeft kunnen gebeuren, hoe ik me zo heb kunnen laten gaan. Het enige waar ik nog plezier in heb zijn de onbezorgde kinderen in mijn stageklas. Eén dag per week zorgen zij voor wat afleiding en maken dat ik even alles kan vergeten. De overige tijd is gevuld met studeren, boodschappen doen, eten koken en bezoekjes aan mijn ouders. Sven zie ik alleen aan tafel. Hij is weg of op zijn kamer. Hij heeft zijn vrienden, zijn school. Henri is weinig thuis, zoals gewoonlijk. Naast zijn drukke werkzaamheden en de vele zakendiners speelt zijn sociale leven zich voornamelijk buitenshuis en zonder mij af.

In een zoveelste poging om iets aan mijn schoolopdrachten te doen staar ik naar het scherm van mijn computer, waar de letters zich lijken te hebben gevormd tot een dansende grijze brij.

4

Het voorjaar is geruisloos overgegaan in de zomer. Alles lijkt weer redelijk normaal te zijn geworden, maar binnen in mij kolkt voortdurend de onrust, als magma in de krater van een vulkaan die na een eeuwenlange diepe slaap plotseling tot leven is gekomen. Ik vergeet de meest simpele dingen. De afspraak bij de tandarts, het bestelde brood bij de warme bakker ophalen. Ik loop door de supermarkt en zie zelfs met het boodschappenlijstje in mijn hand nog kans om maar met de helft thuis te komen. Ik voel me schuldig omdat ik er niet echt ben voor mijn ouders. Voor mijn vader, die moeizaam herstelt van zijn operatie waarbij langzaamaan steeds duidelijker wordt hoe groot de gevolgschade is. Voor mijn moeder die nu een nog zwaardere zorgtaak heeft en voortdurend klaarstaat om hem te helpen bij het douchen, aankleden of wanneer hij met zijn scootmobiel op pad wil. De impact van dit alles is zo groot dat ze een dochter met problemen er nu absoluut niet bij kunnen hebben.

Mijn telefoon is plotseling een soort verlengstuk van mezelf geworden. Steeds binnen handbereik, want je weet maar nooit. Regelmatig denk ik Joe te zien lopen op straat, in winkels, maar altijd is het iemand anders.

Het is zondagavond, zes weken na de reünie, als Lisette belt. Ik zie haar altijd op verjaardagen bij haar oom en tante, Ton en Margriet. Dat zijn goede vrienden van Henri en mij en bovendien is hun zoon Marco de beste vriend van Sven. Ik heb Lisette zien opgroeien tot een mooie volwassen vrouw met lange blonde haren, een innemende glimlach en billen waar menig man zijn nek voor verdraait. Ondanks ons leeftijdsverschil hebben we een klik met elkaar. Ik ben ervan overtuigd dat zij met haar negenentwintig jaar een oude ziel is in een jong lichaam.

'Ik heb kaarten voor vanavond. Mijn vriendin zou meegaan, maar ze is ziek. Heb jij misschien zin?'

Ze vertelt dat er verschillende Nederlandse artiesten zullen optreden in een feesttent op een groot plein in de stad. Razendsnel overdenk ik de situatie. Oké, het is dan wel op zondag, morgen moet ik vroeg op, maar Henri is op zondagavond altijd thuis, dus het moet kunnen. Hij kan Sven dan misschien helpen met zijn wiskunde.

'Wat leuk! Ik wil heel graag mee!'

Ik bespreek het tijdens het eten met Henri terwijl ik de salade hussel.

'Lisette heeft me meegevraagd naar het muziekfeest vanavond in de stad. Wat vind jij?'

'Prima', is zijn antwoord. Een halfuur later staat Lisette buiten te bellen met haar fiets. Henri wenst me een leuke avond. We fietsen zo snel mogelijk richting centrum om helemaal vooraan te kunnen staan bij het podium. Joshua Nolet van Chef'Special, de hoofdact van de avond, knipoogt af en toe naar me en komt zelfs tijdens het zingen een keer op zijn hurken voor me zitten. Hij bezorgt me rillingen van plezier. Lisette en ik drinken bier uit grote plastic glazen. Ze heeft lol om mijn kinderlijke onervarenheid. Dat zie ik in haar ogen. Ik realiseer me dat het zeker vijfentwintig jaar geleden moet zijn dat ik met een vriendin uit ben geweest en bier heb gedronken. Om twaalf uur is de muziek afgelopen. Ze vraagt of ik zin heb om nog even een drankje te doen in De Boomhut op de hoek van het grote plein.

'Ja, waarom niet?'

Ik probeer stoer te klinken. We zijn nu toch op stap en ik geniet echt van dit uitje. Ik volg haar het café in. Een walm van verschraalde bierlucht komt me tegemoet, samen met een golf van geluid. Het hele café is bomvol met mensen die druk staan te praten, en als even later 'Ik heb de hele nacht liggen dromen' gedraaid wordt, gaat het dak er bijna af. Ik had er geen idee van dat zondag zo'n drukke uitgaansavond was. Moeten die mensen niet werken morgen? Ik wurm me tussen de menigte door, angstvallig de blonde paardenstaart van Lisette in de gaten houdend. Het voelt alsof ik in een immens doolhof ben beland. Aan het einde van de lange bar vinden we ongeveer twintig centimeter ruimte, genoeg voor haar om in het zicht van de bardame te gaan staan met haar armen omhoog zwaaiend. Binnen een paar tellen krijg ik een koud glas bier in mijn handen gedrukt. Nieuwsgierig kijk ik in het rond. Ik ken hier niemand. Lisette tettert in mijn oor, ik versta haar absoluut niet door die ongelofelijke herrie. Iedereen om ons heen schreeuwt tegen elkaar, lippen tegen oren. De drank zit er behoorlijk in.

Een stukje verderop staat een jongen die probeert oogcontact met me te maken tussen de brij van druk bewegende cafébezoekers door. Leuk koppie, denk ik. In het gedempte licht doet hij me denken aan die ene filmacteur van wie de naam me niet te binnen wil schieten. Hij is gebruind door de zon en heeft blond haar waarvan een paar plukken nonchalant over zijn voorhoofd vallen. Ik draai me om naar Lisette om te vragen of zij hem kent, maar ze staat druk gebarend te praten met een vrouw naast haar. Ik kijk weer in zijn richting. Zijn ogen zijn nog steeds op mij gericht. Ik kijk hem nu vragend aan, ondertussen wijzend op mezelf. Hij moet lachen en knikt. Ik zie een ondeugende twinkeling in zijn ogen. Snel draai ik me weer om. Ik voel hoe mijn hartslag sneller gaat, een lichte paniek overvalt me. Ik tik Lisette op haar arm en vraag waar de wc is. Snel duw ik mijn glas in haar handen en baan me een weg naar het trapje achter in het café. Vanaf daar volg ik het bordje TOILETTEN naar beneden. Leunend tegen de rand van de wasbak laat ik het koude water over mijn polsen stromen. Ik voel hoe ik weer wat rustiger word. Te veel bier, dat ben ik niet gewend.

Als ik uit de toiletten kom staat hij nonchalant tegen een muurtje geleund met zijn armen over elkaar op niet meer dan een meter afstand. Hij kijkt me lachend aan.

'Ik heb je hier nog nooit gezien', zegt hij. 'Hoe komt dat?'

'Dat kan wel kloppen, ik ben namelijk niet uit geweest de afgelopen honderd jaar.' Ik probeer naar het trapje te lopen maar hij maakt zich breed.

'O vandaar', zegt hij. 'Ik kom hier nog maar tachtig jaar, dan hebben we elkaar net gemist natuurlijk.'

Plotseling pakt hij me vast en trekt me tegen zich aan.

'Ik vind je leuk', zegt hij in mijn oor. Hij begint me te zoenen, maar ik duw hem weg.

'Doe maar niet.'

Ik probeer nog naar hem te glimlachen, maar loop ondertussen snel het trapje op, terug naar Lisette.

'Waar bleef je nou, ik werd al ongerust!' Lisette geeft het halflege glas aan me terug. 'Ik moet er natuurlijk wel voor zorgen dat je weer veilig thuiskomt.'

Ik stel voor om te gaan. Samen wringen we ons door de menigte naar de uitgang. Ik voel hoe iemand me bij mijn pols pakt en kijk op, recht in zijn ogen, die zelfs in het schaarse licht nog blauw zijn.

'Geef me je nummer, straks duurt het wéér honderd jaar', zegt hij. Ik schud mijn hoofd en rén bijna naar buiten, de regen in.

'Wat was dat nou?' Lisette kijkt me vragend aan terwijl we onze fietsen van het slot halen. 'O niks, een of andere mafkees. Te veel gedronken, denk ik.'

'Gek wijf ben je ook.' Ik zie pretlichtjes in haar ogen.

'Straks ga je er nog met een jonkie vandoor. Ze zien jou in elk geval wel zitten, dat heb ik wel gezien vanavond.'

Oei. Ik vraag me stiekem af hoe Lisette zou reageren als ik haar het verhaal over Joe zou vertellen. Nog maar even niet.

5

Het lukt me om de zomervakantie redelijk door te komen. Deze keer verblijven we in een luxe vijfsterrenresort op een nog vrij onontdekt Grieks eiland. Sven heeft het geweldig naar zijn zin met de jongelui in het hotel. Hoogtepunt is voor hem de jetski waar hij bijna dagelijks een halfuurtje op mag racen. Ik lees veel, bij het zwembad en op het strand. Of liever gezegd: ik staar veel naar mijn boek. Het is maar goed dat Henri niets met lezen heeft, anders zou hij zich zeker afvragen waarom ik de hele vakantie over één enkel boek doe. Maar hij heeft het te druk om op mij te letten. Zwemmen in zee, baantjes trekken in het zwembad, fitnessen in de gym van het hotel, beachvolleyballen op het strand. Noem maar iets, Henri is erbij. Hij heeft nog steeds dat energieke dat hem zo aantrekkelijk maakt en waar ik destijds als een blok voor viel.

Ik was net achttien, Henri een paar jaar ouder dan ik, charmant en succesvol. Op jonge leeftijd had hij al een eigen bedrijf dat sportbenodigdheden importeerde, waarbij hij zich concentreerde op het hogere marktsegment. Hij had een uitstekend gevoel voor trends en wist zich al snel van een riant inkomen te verzekeren. Hij had een mooie snelle auto en nam me mee op reis naar Italië en Monaco. Zijn aanstekelijke humor, zijn groene ogen en halflange zwarte haar dat in een nonchalante lok over zijn voorhoofd viel, zorgden ervoor dat mijn toekomstdroom, juf worden op een basisschool, plaatsmaakte voor een heel nieuw scenario: een leven met Henri. We bruisten van de plannen en ideeën, de wereld lag aan onze voeten. Na twee jaar trouwden we en samen werkten we hard aan onze toekomst die volgens ons volmaakt zou zijn met het kopen van een mooi huis en regelmatig op vakantie gaan. Ik vond het wel lastig dat het bedrijf hem ook regelmatig in de avonduren en in de weekenden opeiste. Soms moest hij een paar dagen naar het buitenland om een beurs of fabrikant te bezoeken. Met daarnaast nog zijn vele vrienden en hobby's bleef er niet veel tijd over voor mij, maar als ik me daarover beklaagde wist hij dat meestal wel weg te wuiven met opmerkingen als 'Binnenkort gaan we toch samen op wintersport?' of 'Waarom ga je niet een paar dagen naar je ouders?'

Het knaagde aan me, maar ik had mijn eigen baan als secretaresse bij een groot technisch bedrijf, met leuke collega's van wie ik sommigen ook buiten werktijd zag. Ik moest ook gewoon niet zeuren.

Na een paar jaar in een huurwoning kochten we ons droomhuis. Een grote moderne villa met een prachtige strak witte badkamer, een designkeuken die van alle denkbare gemakken was voorzien, een verwarmde natuurstenen vloer en een chique entree met metershoge raampartijen. Het huis stond in een compleet nieuw stadsdeel vol jonge gezinnen.

De avonden in het Griekse hotel verlopen voorspelbaar. We dineren uitgebreid à la carte in een van de specialiteitenrestaurants van het resort, drinken koffie op het terras en nemen daarna nog een paar drankjes. Om de paar dagen voel ik dat het tijd is voor de echtelijke plicht tussen de lakens. Dan drink ik een wijntje extra en probeer het voortdurend knagende schuldgevoel even uit te schakelen. Henri is zeker geen slechte minnaar, maar van de passie die in het begin van ons huwelijk zo kon oplaaien bij het zien en voelen van elkaars lijf, is niet veel meer over. Voor mij is seks al jaren net zoiets als tandenpoetsen, het hoort er gewoon bij, ik dacht er tot nu toe niet over na. Maar Joe heeft iets bij me losgemaakt dat mijn wereld op zijn kop heeft gezet. Het is een heerlijk soort onrust die maakt dat ik soms stiekem glimlach bij de herinnering aan zijn grappige uitspraken, maar die ook pijn doet door de mengeling van verlangen en spijt. Zo vul ik mijn dagen met gemijmer terwijl ik nietsziend naar de zinderende horizon van de Egeïsche Zee staar.

Ik vouw de laatste vakantiewas op en leg het in de kast als mijn telefoon gaat. Het is Sarah. Twee jaar geleden liep ze mijn leven binnen, een slanke vrouw met sprankelende ogen en donkere krullen. Al vanaf het eerste moment dat we elkaar ontmoetten, tijdens de kennismakingsdag op de lerarenopleiding, voelde ik met haar een bijzondere band. Het moederschap had ons al die jaren opgeëist maar nu was ónze tijd aangebroken en sloegen we een nieuwe weg in, op weg naar een uitdagende carrière. Samen worstelden we ons door die eerste maanden van verwarring, wanhoop, trots en nieuwe inzichten. We deelden veel met elkaar, over onze studie, maar ook over ons leven. Ze had het moeilijk. Het verdriet om het verlies van haar moeder het jaar ervoor had nog geen plek gekregen en haar huis voelde voor haar niet meer als een thuis. De zorg voor haar kinderen, de zestienjarige Bas en haar tien jaar jongere dochtertje Fleur, de eeuwigdurende verbouwing in de kleine jarendertigwoning, het maakte de studie voor haar vrijwel onmogelijk. 'Ik denk dat ik me maar opgeef voor "Help, mijn man is klusser", met die leuke presentator', verzuchtte ze soms.

Na acht maanden op de lerarenopleiding vertelde ze me dat het niet meer ging. De lesdagen, de stage, de vele uren studie, het slokte haar volledig op. Ze stopte ermee. We beloofden elkaar om vriendinnen te blijven. Zij was naast mijn zus ook de enige die het verhaal over Joe kende. Sarah kan de dingen in perspectief plaatsen zoals niemand dat kan. Het verhaal was niet alleen veilig bij haar, ze vond het ook hilarisch. 'Weet je, Eef,' zei ze, 'het zijn gewoon levenslessen. Daar groeien we van.'

Ik voelde hoe ik wankelde door haar plotselinge vertrek, maar ik raapte al mijn moed bij elkaar en besloot door te gaan met deze opleiding waar ik zo intens van genoot. De reis twee keer per week naar het verouderde gebouw in

Amsterdam vol gangen en trapjes, waar ik zo ongeveer de oudste student was die er rondliep. De nieuwsgierige blikken van jonge studenten die me soms aanspraken, want sommigen vonden het best stoer dat ik hier nog aan begonnen was op mijn drieënveertigste. Het maakte dat ik me trots voelde en weer een nieuwe boost kreeg om verder te gaan. Want zwaar was het wel. De lessen, de opdrachten, de stage op een dorpsschool waar ik begeleid werd door een veeleisende oude rot in het vak. En vooral de combinatie met thuis. Want Henri was niet blij. Plotseling was het niet meer vanzelfsprekend dat het eten op tafel stond, de koelkast gevuld was en de wasmand leeg. Het waren vooral de huishoudelijke taken waar ik Henri bij nodig had, maar de briefjes met mijn aanwijzingen schoof hij na een tijdje steeds vaker terzijde alsof hij ze niet had gezien. Van hem hoefde het gewoon allemaal niet. En eerlijk is eerlijk, hij had er ook niet om gevraagd, voor hem was het leven goed zoals het was. Toen ik voor de derde keer een dampende klomp aan elkaar klevende bamislierten in de vuilnisbak aantrof terwijl het gasfornuis eruitzag alsof er zich zojuist een ramp van formaat had voltrokken, wist ik dat ik de simpele recepten met alle klaargezette ingrediënten voortaan wel achterwege kon laten. Het was ook niet helemaal fair. Ik had tot nu toe altijd alles zelf gedaan, me naadloos in de rol van huisvrouw gemanoeuvreerd en nu ineens vond ik dat hij de keuken in moest. Maar Henri achter het fornuis ging hem gewoon niet worden. Ondanks al deze tegenslag die de nodige spanningen opleverde bruiste ik. Ik genoot intens van deze nieuwe wereld, waarin ik ineens iemand was. Eva, de student, de juf.

Sarah wil me spreken, ergens in de stad. In de donkerste hoek van een bruin café vertelt ze me dat ze niet meer verder kan met haar relatie. Haar huwelijk stelt niets meer voor. Haar man ziet haar niet eens meer en is bijna nooit thuis. Ze vermoedt dat hij een ander heeft. Zij draait min of meer alleen op voor de zorg voor hun kinderen en is zichzelf steeds meer kwijtgeraakt de laatste jaren. De komst van hun dochter Fleur, jaren nadat ze Bas op de wereld had gezet, leek aanvankelijk de redding van haar huwelijk. Maar al snel had ze ontdekt dat een baby geen oplossing biedt voor relatieproblemen. Integendeel. Ze heeft het gevoel zo ongeveer tot de vaste inventaris van haar huis te behoren. Ik voel hoe ieder woord dat ze zegt geëtst wordt in mijn koude hart. Háár verhaal is míjn verhaal, haar verdriet, haar teleurstelling, haar eenzaamheid, ik herken het allemaal. Ik zie ineens glashelder wat ik al die tijd uit alle macht geprobeerd heb te negeren. Ik voel me al zo lang doodongelukkig in mijn huwelijk en ben al zo lang op de vlucht, voor mezelf, maar vooral voor elke vorm van emotie.

De weken daarna staat mijn wereld op zijn kop zonder dat iemand er iets van weet. Naar de buitenwereld hou ik de schijn op, blijf ik glimlachen, hou ik mijn rug recht. Alles speelt zich af in mijn vertroebelde brein.

Ik moet praten met Henri, hem duidelijk maken dat ik totaal op ben, dat ik zo niet verder wil en kan. Ik heb zo'n behoefte aan zijn steun. Zijn liefde kan ik al heel lang niet meer voelen. Ik besluit het gesprek aan te gaan zodra hij terug is van zijn zakenreis. Soms weet ik nauwelijks waar hij heen is. Hij praat er niet graag over en ik laat het maar zo. Het prachtige huis, het luxe leven dat we leiden, het is een troostende pleister op de etterende wond van de eenzaamheid.

6

Met de vijf medestudenten met wie ik een groepje vorm spreek ik regelmatig af om samen te studeren, te discussiëren en te werken aan onze opdrachten. We doen dat meestal bij iemand thuis. Vanavond zit iedereen bij mij aan de eettafel, die helemaal bedekt is met laptops, mappen, papieren en daartussen bekers thee.

'Kan de tv wat zachter?' Ik kijk Henri aan en ontmoet zijn geïrriteerde blik. Hij is vanmiddag thuisgekomen uit Taiwan en zit onderuitgezakt op de kolossale donkergrijze leren bank met zijn voeten op de glazen salontafel. Uit de televisie knalt het geluid van een achtervolging in een of andere actiefilm. Ik voel het ongemak bij mijn medestudenten, die na mijn vraag onmiddellijk zachter gaan praten.

'Hoelang zijn jullie nog bezig?' Henri pakt onwillig de afstandsbediening en zet het volume lager.

'Geen idee.' Ik vraag wie er nog iets wil drinken, maar het studiegroepje begint plotseling met het inpakken van tassen en binnen tien minuten is iedereen verdwenen. Ik schaam me voor het incident en neem me voor om het bij de volgende bijeenkomst uit te leggen.

Als iedereen weg is, loop ik naar de keuken en schenk thee voor mezelf in. 'Wil je ook?' Ik kijk hem aan, maar hij schudt zijn hoofd en blijft voor zich uit kijken, zijn blik strak op de tv gericht. In de film staat een vrouw hartverscheurend in een deuropening te snikken terwijl twee agenten wat onbeholpen voor haar staan, de petten in hun hand. Ik ga naast Henri op de bank zitten en haal diep adem.

'Ik moet je iets vertellen. Er is iets gebeurd. Met een ander. Het stelde niets voor, maar ik vind het lastig om het nog langer te verzwijgen voor je.' Mijn stem klinkt raar hees.

Henri staat op en loopt naar het raam. Met zijn armen over elkaar staat hij daar. De klok tikt tergend de minuten weg. Eindelijk draait hij zich om en kijkt me zwijgend aan. Op dat moment zie ik het in zijn ogen: het is voorbij. Ik weet niet waar ik op had gehoopt. Misschien een totale ommekeer, een nieuwe start samen zoals dat soms in boeken en films gebeurt. Troostende armen om me heen en woorden die fluisteren dat ik ertoe doe, dat hij niet heeft geweten hoe ik me voel, dat hij me begrijpt en me vergeeft. Ik zoek in zijn ogen naar de jongen van toen, naar de liefde waarmee ons sprookje ooit begon, maar Henri zegt niets. Ik voel hoe hij transparant en ongrijpbaar steeds verder van me wegglijdt, als de ziel die een zojuist gestorven lichaam verlaat.

De dagen erna zijn een hel. Henri blijft tegen me zwijgen, mijn schuldgevoel bereikt een climax en verteert me compleet. Tijdens het avondeten voeren we een soort toneelstukje op, maar Sven laat zich niet om de tuin leiden. Als ik op een avond nog even bij hem op de rand van zijn bed kom zitten en met mijn hand door zijn haar woel, ontmoet ik zijn bezorgde blik.

'Het gaat niet goed tussen jullie, hè mam?'

Ik probeer hem gerust te stellen.

'Ga maar lekker slapen, het komt wel goed, schat.'

Als ik beneden kom en de keuken in loop om koffie te zetten, tref ik Henri aan, leunend tegen het aanrecht, zijn armen over elkaar.

'We gaan ermee stoppen.' Hij kijkt me indringend aan.

De grond lijkt onder mijn voeten te verdwijnen.

Scheiden voelt als een soort doodgaan. Een afscheid van iets waarvan je onbewust altijd had gedacht dat het voor eeuwig zou zijn. De pijn is onverdraaglijk en je weet: het is overleven of ten onder gaan. Ik breng veel tijd door samen met Sarah en Lisette en klamp me aan hen vast. Sarah die zelf dapper haar eenzame pad loopt om zich los te maken uit een uitzichtloos huwelijk en Lisette die zich heeft opgeworpen als een soort maatschappelijk werkster, vastbesloten ons allebei te redden.

Het is duidelijk dat Sarah en ik beiden op zoek moeten naar woonruimte. Sarah kent iemand die bij een woningbouwvereniging werkt en krijgt al snel een flatwoning aan de rand van de stad waar ze met Bas en Fleur kan wonen. Mij lukt het maar niet, hoe ik ook mijn best doe. Ondertussen is de sfeer thuis gespannen. Sven is enorm van slag door de hele situatie en mijn schuldgevoel groeit met de dag. Hoe heb ik Henri dit kunnen aandoen? En vooral, hoe heb ik mijn kind dit kunnen aandoen? Hij is vijftien, een leeftijd waarop een stevige thuisbasis zo belangrijk is. Waarom kan ik niet zoals duizenden andere vrouwen mijn leven accepteren zoals het is, voor iedereen zorgen, mezelf wegcijferen en gewoon tevreden zijn met wat ik heb? Het antwoord dient zich vrijwel gelijktijdig met de vraag aan. Ik kan het niet meer. De gedachte dat ik halverwege mijn leven de tweede helft zó kan invullen, dat de hele blauwdruk al klaarligt en dat ik uiteindelijk dood zal gaan als grijze muis, vervult me met paniek. Er moet toch meer voor me weggelegd zijn dan dit.

'Het is voor een jaar. Langer niet.' De vrouw tegenover me probeert zakelijk te klinken terwijl ze me met een verontschuldigende blik aankijkt.

'De prijs is all-in, gemeubileerd, gas, elektra, internet. Alles moet in de huidige staat blijven, dus niet schilderen of behangen. Je kan vanmiddag komen kijken.'

Mijn zus gaat mee. Via het grauwe betonnen trappenhuis lopen we naar de tweede verdieping. Ik durf haar nauwelijks aan te kijken. Juist nu onze aandacht eigenlijk naar mijn ouders hoort te gaan gooi ik alles overhoop. Maandenlang heb ik geprobeerd er nog het beste van te maken. Gewoon boodschappen doen. Zorgen dat de koelkast in mijn luxe designkeuken gevuld bleef. Dat de was soms torenhoog opstapelde omdat ik moest leren voor een tentamen, dat er steeds vaker stofvlokken over de leistenen vloer dwarrelden, het kon me niet veel meer schelen. Wankel stap ik over de verveloze drempel en kijk rond. Ik ben zo nerveus dat ik nauwelijks iets registreer. Ik hoor de vrouw praten over de keukeninventaris en een matrasbeschermer. Het klinkt alsof ze vanuit het geluiddichte oefenhok van een muzikant haar verhaal vertelt waarbij haar woorden eerst door een laag genopt schuimrubber moeten.

We staan in een kleine vierkante hal waar behalve de entree nog zes deuren op uitkomen. De vrouw opent ze al pratend een voor een. Ik staar naar een hokje met een granieten vloer en een groene wastafel waartegen een gebloemd douchegordijn is gedrapeerd. Ze schuift het gordijn opzij, ik zie een verweerde sproeier en mengkraan. De ruimte tussen het gordijn en de achterwand met vergeelde tegels is hooguit vijftig centimeter.

Er is een smal keukentje met een deur naar een balkon waar net twee stoelen kunnen staan en er zijn twee slaapkamers, een kleine en een heel kleine. In de eerste vult een smal tweepersoons beukenkleurig ledikant bijna de hele ruimte. De kleinste kamer is donkerblauw behangen, met een rand van vliegende schotels en marsmannetjes. Ik probeer me het gezicht van Sven voor te stellen als hij dit ziet. Mijn blik wordt naar het plafond getrokken en ik kan een nerveuze giechel nauwelijks onderdrukken. Het is helemaal beplakt met glow-in-the-darkplaatjes. Mijn zus trekt me mee naar de woonkamer en wijst naar een hoek.

'Hier kan wel een tafeltje voor je computer staan. Dan kun je er nog net langs om bij de eettafel te komen.'

Langzaam begin ik alles in me op te nemen. De gaskachel, het Ikea-bankstel, het beige gewolkte vinyl op de vloer.

Mijn hart heeft al afscheid genomen van het volmaakte, grote, koude huis en een intens verlangen om in deze kleine flatwoning wat rust te vinden begint mijn gedachten te beheersen.

'Ik neem het', hoor ik mezelf zeggen.

7

'Mam, papa wil me meenemen op kampeervakantie naar Noorwegen, wat vind jij?'

Ik bestudeer zijn gezicht in een poging de juiste emotie te lezen, maar Sven geeft niets prijs.

'Wat wil je zelf?'

Even meen ik iets van een schuldbewuste blik in zijn ogen te zien.

'Doe maar. Fijn om er even uit te gaan, toch?' Terwijl ik het zeg voel ik een venijnige steek door mijn borstkas gaan. Ik doe mijn best om ontspannen naar hem te glimlachen.

'Oké. Help jij me dan met inpakken?'

Ik knik en kijk hem na als hij de tuin uit loopt. Eigenlijk had ik verwacht dat hij het nieuws over de flat niet zomaar zou accepteren, maar toen ik het hem eerder die week vertelde haalde hij zijn schouders op en zei alleen maar: 'Kan mijn computer in die kamer staan?'

Ik besluit om te gaan verhuizen zodra Henri en Sven vertrokken zijn. Misschien is het juist wel fijn om eerst zelf te settelen, zo kan ik er helemaal voor Sven zijn als hij terug is. We kunnen dan samen zijn spullen overbrengen naar onze flat.

Ik zeg er niets over, maar als ik 's middags bij mijn ouders neerstrijk voor een kopje koffie, kan ik het niet langer voor me houden.

'Ik zal het maar gelijk vertellen, ik heb woonruimte gevonden voor Sven en mij.'

Mijn moeder kijkt me met grote, verschrikte ogen aan. 'Toch wel in de buurt?' Ze trilt een beetje terwijl ze haar lege kop en schotel neerzet op de salontafel. Mijn blik blijft even rusten op de zeskantige tafel met zwarte houten rand en wit marmeren inlegblad. Mijn vader heeft hem zelf gemaakt in de tijd dat hij nog alles kon. Als allround timmerman was klussen altijd zijn lust en zijn leven geweest. Wat moet het zwaar voor hem zijn om te accepteren dat zijn handen en zijn lijf niet meer kunnen wat zijn hoofd nog zo graag wil.

'Ja, het is niet ver. Op fietsafstand.' Ik leg uit waar ik ga wonen en zie mijn vader bedachtzaam knikken.

'Je zet het dus door, begrijp ik. Je moeder en ik vinden het heel erg, maar we snappen je wel. We maken ons alleen zorgen om jou en Sven, hoe dat nou allemaal moet.'

In mijn kleine Peugeootje rij ik eindeloos heen en weer om mijn spullen over te brengen. Dozen en tassen vol kleding en persoonlijke bezittingen. Miles heeft aangeboden om te helpen met dozen sjouwen, van de auto via het betonnen trappenhuis naar de tweede verdieping. Ik ken hem al vanaf mijn jeugd. Hij is zo'n vriend die nooit vragen stelt maar er altijd is als je hem nodig hebt. Bergruimte in mijn nieuwe flat is er nauwelijks, ik troost me met de gedachte dat de rest wel komt als ik een permanente eigen woonplek heb. Alles heeft tenminste een plekje en ik ben klaar voor de eerste nacht in deze flat, die het komende jaar mijn thuishaven zal zijn. Als ik eindelijk doodmoe op de harde matras neerplof valt me voor het eerst op hoe gehorig het er is. Ik luister naar het verkeer dat over de vlakbij gelegen snelweg raast en het geluid van een televisie ergens in een aangrenzende woning. Ik hoor iemand schelden en er valt iets om.

Voor mijn gevoel heb ik nog maar een paar uur geslapen als ik wakker schrik van een hels kabaal. Het duurt even voordat ik begrijp waar ik ben. Het is er in elk geval oorlog, daar ben ik van overtuigd. Vlak boven het gebouw cirkelt een helikopter en als ik tussen de gordijnen door naar beneden gluur zie ik een zee van blauwe zwaailichten. Snel trek ik de kleren aan die nog op het voeteneind van mijn bed liggen. Er wordt nu iets geroepen door een megafoon en even later klinkt het alsof mijn voordeur wordt ingetrapt. Ik voel hoe mijn hart in mijn keel bonkt als ik langs de muur schuifel en voorzichtig de slaapkamerdeur opendoe. Niets te zien.

Plotseling dringt het tot me door dat alles zich vlak boven mijn hoofd afspeelt. Ik hoor harde knallen en geschreeuw. Ik durf niet naar buiten en hou me nog lange tijd stil met de gordijnen gesloten. Pas wanneer de laatste Mobiele Eenheid-bus is vertrokken en ik stemmen hoor op de galerij, durf ik mijn voordeur open te doen.

'Wat een toestand, hè!' Een kalende man van een jaar of vijfenvijftig met een stoppelbaard, gekleed in een vale, ooit donkerblauwe joggingbroek en een T-shirt met een groot Heinekenlogo, komt op zijn versleten kunstleren pantoffels in mijn richting sloffen.

'Je bent zeker wel geschrokken, wijffie?' Hij steekt een enorme eeltige hand naar me uit. 'Willem.'

Met zijn onderarmen achter zich steunend op het galerijhek begint hij zijn verhaal over de bovenburen.

'Een stelletje van die junks wonen er. Niks mee te beginnen. Ik zeg: uit hun buurt blijven.' Hij praat nu iets zachter. 'Het schijnt dat ze een ontsnapte gevangene in huis hadden.'

'Maar die herrie, wat was dat dan?' Ik sta nog te trillen op mijn benen door het plotselinge geweld zo vroeg in de ochtend.

'O dat. De politie heeft de voordeur ingebeukt. Maar ze hebben hem. Die zit voorlopig weer vast.' Hij zegt het bijna triomfantelijk terwijl hij weer weg sloft in de richting van zijn voordeur.

Ik sta onder de douche en probeer krampachtig om tegelijk mijn haren te wassen en het koude plastic douchegordijn, dat voortdurend tegen mijn natte lijf plakt, van me af te duwen. Het doucheputje kan de grote hoeveelheid schuim niet aan. Als ik het gordijn opzijtrek zie ik hoe het water over de grijs gespikkelde granieten drempel het vinyl van de gang op gutst. Op dat moment hoor ik de deurbel. Wat nu weer! Het zal toch niet de politie zijn die huis aan huis iedereen vragen komt stellen? Snel wikkel ik een handdoek om me heen en met druipende haren hol ik naar de voordeur. Het is Lisette. Ik zie een grote grijns op haar gezicht verschijnen als ik de deur opendoe.

'Je lijkt wel een verzopen kat.'

'Ja, dank je, kom binnen.'

Ze loopt door naar de woonkamer, waar ze goedkeurend rondkijkt. Terwijl haar blik blijft hangen bij de betegelde schoorsteen met daaronder de roestige gashaard, zegt ze: 'Nice, je eigen plekje. Ziet er gezellig uit.'

Haar compliment doet me meer dan ik verwacht had.

'Even de douche droogmaken en iets aantrekken, dan zet ik koffie. Volgens mij heb ik gisteren een zak koffiepads meegebracht.' Ik loop terug de gang in. Terwijl ik me hinkend op één been in mijn spijkerbroek hijs hoor ik Lisette vragen: 'Wanneer komt Sven eigenlijk weer terug van vakantie?'

Ze vraagt het langs haar neus weg, maar iets in haar stem alarmeert me. Waarom wil ze dat ineens weten? Ik loop de kamer in en kijk haar vragend aan.

'Oké, luister', zegt ze. 'Je weet toch dat ik naar Turkije op vakantie ga met Wendy? Nou, dat gaat niet door. Wendy heeft wat problemen en wil niet meer mee. En nou had ik zo gedacht: als jij nou eens meeging in haar plaats?'

'Wanneer dan? Over twee weken begin ik met mijn nieuwe baan, ik kan toch niet direct beginnen met vrij vragen?'

'O echt? Ben je aangenomen?' Lisette springt overeind en omhelst me. Ik had haar wel verteld dat ik had gesolliciteerd op een baan van twintig uur op de administratie van een groot tuincentrum, maar nog niet hoe het was afgelopen.

'Ja, het mooie is dat ik mijn tijd zelf een beetje kan indelen, dus dat combineert perfect met mijn studie en de zorg voor Sven. En misschien kan ik af en toe wat extra uren werken. Samen met de bijdrage van Henri voor Sven moet ik het dan hopelijk gaan redden.'

Terwijl ik verder praat zie ik hoe Lisette haar mobiel opent. Ze laat een foto zien van een hotel met kleine balkons en een ovaal zwembad.

'We vliegen morgenavond. Het hotel heeft maar drie sterren maar ligt wel vlak bij het strand. Het is maar één week. Je bent ruim voordat Sven terugkomt weer thuis.'

'Maar ik woon hier net.'

Lisette kijkt me lachend aan. 'Nou en?'

8

Het is aardedonker als we van de vliegtuigtrap afdalen en in de richting van de aankomsthal lopen. Ondanks het late uur valt de warmte als een klamme deken om me heen. Toch ril ik een beetje. De spanning van de afgelopen dagen is voelbaar in elke vezel van mijn lichaam, maar ik schud het gevoel van me af, vastbesloten om alles uit deze week te gaan halen wat erin zit. Na een rit die uren lijkt te duren stopt de bus voor de ingang van ons hotel. In het feeërieke avondlicht ziet het er allemaal prachtig uit, maar bij binnenkomst wordt me al snel duidelijk dat dit niet het soort hotel is dat ik gewend ben. Gelukkig valt de kamer mee. Er is airco, een balkon en zelfs een zithoek. Moe van de reis en het late uur besluiten we eerst maar te gaan slapen. Morgen gaan we wel op verkenning.

Het ontbijtbuffet stelt niet veel voor, de obers daarentegen maken veel goed. Schuchter draaien ze een beetje om ons heen. Eén van hen, Khan, probeert een praatje met ons te maken en vraagt in het Engels of we misschien zussen zijn.

'Slijmbal.' Lisette zegt het met een stralende lach waardoor de ober niet het minste vermoeden heeft van haar scherpe tong.

'We are girlfriends', gaat ze verder. De nieuwsgierigheid is nu pas echt gewekt en vanaf dat moment zijn we verzekerd van een soort vipbehandeling in het restaurant vol duffe stellen en jengelende kinderen.

Het hotel heeft een eigen strand met vijf rijen ligbedden achter elkaar. Een donkerblonde Turk met baardje heet ons met een luidruchtig 'Ladies!' welkom en vraagt waar we willen liggen. Even later heeft hij onze badlakens uitgespreid op een paar witte kunststof ligbedden die met hun voorpoten in het zeewater staan. Het ritueel van smeren en keren kan beginnen. Lisette haalt een pakje sigaretten uit haar tas en steekt er een op.

'Mag ik er ook een?' vraag ik haar. Ze kijkt me verbaasd aan. 'Maar je rookt niet.'

'Ach, het is vakantie, wat maakt het uit.' Ik haal mijn schouders op. Ze schiet in de lach en geeft me een sigaret. 'Zelf weten.'

Misschien komt het door het vakantiegevoel, de combinatie van zon, zee en lekker even niets moeten, maar de eerste sigaret na jaren smaakt verrassend lekker. Straks maar een pakje kopen.

Loom en half slapend door het monotone geluid van de

voortdurend aanrollende golven geniet ik van de mediterrane zon op mijn huid. Ik zie dat Lisette op haar telefoon zit. Ze bloost zodra ze doorheeft dat ik naar haar lig te kijken en zonder op mijn vraag te wachten zegt ze: 'Je weet toch nog wel dat ik je heb verteld over Sebastian? Die jongen van het animatieteam in het hotel waar ik twee jaar geleden met Wendy was? Hij werkt hier in de buurt in een hotel en heeft vanavond vrij. Of wij het leuk vinden dat hij naar ons toe komt.' Ik betwijfel of dat 'ons' wel klopt, want ik herinner me dat ze een behoorlijk heftige affaire met hem heeft gehad die vakantie.

'Tuurlijk, gezellig. Leuk om hem te ontmoeten.' Wat maakt het ook uit, ik zie wel hoe het loopt.

Sebastian belooft om tien uur vanavond voor ons hotel te staan en wil ons mee uit nemen naar een grote openluchtdiscotheek in de buurt. Het weerzien tussen hem en Lisette is ontroerend en, eerlijk is eerlijk, het is een leukerd. Terwijl we in de richting van de discotheek lopen haalt hij twee zilverkleurige bandjes uit zijn zak.

'Kom hier met jullie pols, ik heb vipbandjes geregeld, goed voor onbeperkt gratis drank. Ik doe hem niet te strak zodat jullie hem weer af kunnen doen. Doe dat voordat je de tent weer uitloopt en stop hem goed weg want bij de uitgang knippen ze de bandjes door zodat je ze niet opnieuw kunt gebruiken.'

Voor de ingang van de discotheek staat een lange rij wachtenden op een rode loper. Bij de deur twee mannen in pak waar je beter geen ruzie mee kunt krijgen. Sebastian neemt ons mee langs de rij en maakt een praatje met een van hen. De man lijkt een beetje op zo'n hond met rimpels en heeft één brede donkere wenkbrauw. Geen idee wat Sebastian tegen hem gezegd heeft, maar het werkt. Ernstig kijkend zet de man het chroomkleurige paaltje met het dikke rode koord, dat ons nog scheidt van de ingang, opzij en laat ons erdoor.

We lopen door een schaars verlichte gang met aan weerskanten spiegels terwijl de beat van een dancenummer ons naar binnen dreunt. Ineens staan we in een enorme koepelvormige ruimte met blauwachtig licht. Het duurt even voordat het me lukt om de contouren te onderscheiden. De dansvloer ligt wat lager dan de rest en is vanaf verschillende kanten bereikbaar via een paar treden. Ik tel rondom langs de kant zes futuristisch uitziende bars. Boven op elke bar staat een meisje te dansen. Terwijl we ons eerste drankje bestellen staar ik gebiologeerd naar de sensueel bewegende benen boven me. Het meisje aan wie ze vast zitten draagt een minuscuul jurkje met een bronsgroene reptielenprint en heeft een taille die dunner moet zijn dan mijn bovenbeen. De lange laarzen passen bij het jurkje en hebben hakken van minstens twaalf centimeter. Ik zou er niet eens op kunnen lópen, maar zij danst ermee heen en weer op een bar die hooguit drie meter lang is en niet breder dan een halve meter.

'Roemeense meiden. Ze zitten onder de coke om het vol te houden.' Sebastian zegt het alsof het de gewoonste zaak van de wereld is, maar ik voel medelijden als ik naar de prachtige meisjes kijk die met een dooievissenblik de ruimte in staren terwijl mannen van allerlei leeftijden verlekkerd hun bewegingen volgen. Hoe oud zouden ze zijn?

Hooguit achttien, negentien jaar. Even flitsen mijn gedachten naar hun moeders die, onwetend over het trieste leven dat de meisjes hier leiden, misschien wel trots aan hun vrienden vertellen dat hun dochter een geweldige baan in het buitenland heeft met een goed inkomen.

We storten ons nu in de dansende menigte terwijl de dj afwisselend opzwepende zomerhits en housebeats draait. Boven ons vormt de gitzwarte sterrenhemel het mysterieuze gewelf van deze surrealistische omgeving.

Om een uur of drie neemt Sebastian afscheid. Hij moet de volgende ochtend vroeg beginnen. Hij zoent Lisette en zegt iets in haar oor, zijn ene hand in haar lange blonde haren, de andere op haar linker bil. Ze lacht uitdagend naar hem. Als hij richting uitgang gaat kijkt hij nog een keer om. Ik zwaai even, Lisette werpt hem een kushand toe. Wij besluiten nog te blijven. Ik zie hoe een van de Roemeense meisjes zich van de bar laat zakken en een paar wankele stappen zet in de richting van een donkere loungehoek. Een man in een duur uitziend maatpak komt overeind en vangt haar op. Even later zie ik hoe hij iets bij haar gezicht houdt terwijl zij met een kort staafje iets opsnuift. Snel kijk ik de andere kant uit en trek Lisette mee naar de dansvloer.

'Geloof jij dat een Turk Melvin kan heten?' zegt Lisette.

Ze leunt met haar rug tegen de bar en neemt een slok van haar cocktail. Samen kijken we de knappe donkere man na die ons zojuist een heel spannend voorstel heeft gedaan. Hij is hier in Belek met een aantal Oost-Europese modellen, ze hebben een shoot voor een of ander tijdschrift. Hij heeft ons al een paar dagen gespot op het strand. Of we het leuk vinden om een fotosessie met hem te doen. We hoeven ons geen zorgen te maken, zo verzekerde hij ons. 'Ik ben zo gay als het maar kan.'

We spreken af dat hij ons de volgende middag komt ophalen.

Als we naar het hotel lopen, de zilverkleurige armbandjes diep in onze broekzakken weggestopt, voel ik het effect van de vele glazen wodka lemon pas goed. Lisette staat ook niet al te vast meer op haar benen en in de hotelkamer ploffen we giechelend neer op het tweezitsbankje.

'Pfff, honger.' Lisette probeert een zak chips die we die middag hebben gekocht open te trekken met de zojuist opgestoken sigaret tussen haar vingers. Ik zie hoe de sigaret wegschiet en met de brandende punt belandt op het blauwgrijze nylon velours waarmee het bankje bekleed is. Ze pakt hem direct op, maar het is te laat. Samen staren we naar het gaatje met het geblakerde randje midden op de zitting.

'Oooo, wat nu?' Lisette drukt geschrokken de sigaret uit in de asbak.

'Wacht, we gaan eerst nadenken.' Ik probeer krampachtig mijn gedachten te ordenen. Hoe kunnen we ervoor zorgen dat de schoonmaakster morgen niet ziet wat er gebeurd is? Er iets opleggen helpt niet, als we naar huis gaan moeten we de kamer immers leeg achterlaten. Ineens heb ik het.

'We gaan het repareren!' Ik sta op en loop naar mijn

toilettas. Na enig zoeken vis ik er een nagelschaartje uit. Liggend op onze knieën knippen we daarmee aan de achterkant van de bank een klein rondje uit de stof en leggen het op het gaatje. Nu nog vastplakken.

'Vlug, kauw even op een kauwgumpje.' Ik graai in mijn tasje, druk een stukje kauwgum uit het stripje en gooi het naar Lisette toe. Ze kauwt alsof haar leven ervan afhangt en geeft het natte bolletje dan aan mij. Ik prop het in het gaatje en duw het stukje stof er weer op. Het blijft zitten maar de randjes vallen nog steeds op. De volgende ingeving dient zich aan. Ik duik weer in mijn toilettas, waar verschillende doosjes oogschaduw in zitten. Na wat mengen hebben we de perfecte zilver-blauw-grijze mix die we dik op de randen van het losse stukje stof boven op het gaatje smeren.

'Ga jij eens naar de gang en kom dan eens binnen.'

Lisette gehoorzaamt onmiddellijk, verlaat proestend de kamer en komt vervolgens weer binnen met een uitgestreken gezicht.

'Valt je iets op?' vraag ik.

Met een speurende blik kijkt ze rond en schudt haar hoofd. 'Nee, niets. Wat zou ik moeten zien dan?'

Gierend van de lach besluiten we dat de operatie geslaagd is.

9

De volgende middag staan we op de afgesproken tijd, opgewonden en een beetje nerveus, op de stoep van het hotel. Even later stopt Melvin met een jeep voor de ingang. Op de stoel naast hem staat een picknickmand en tussen ons in op de achterbank een grote tas met fotoapparatuur. We rijden een uurtje en komen dan bij een watervalletje in de bergen. Nooit geweten dat het achterland hier zo mooi is. Na wat klimmen over grote, door het water rond gesleten rotsblokken komen we op een geschikte plek. Melvin schiet het ene plaatje na het andere. Wapperende jurken, verleidelijke topjes en poses in bikini. Lisette en ik hebben van tevoren afgesproken dat we niet uit de kleren gaan, maar na de lunch met sandwiches en een paar glazen koele rosé weet hij ons toch over te halen tot wat foto's samen onder de waterval waarbij de bikini's op de rotsen belanden. Als ervaren modellenfotograaf weet hij ons op subtiele wijze steeds een stapje verder te krijgen. Natte topjes die onze billen net niet helemaal bedekken. Zwoele blikken in de camera terwijl we onze borsten met onze handen bedekken. Ineengestrengeld met de handen om elkaars borsten. Ten slotte haalt hij ons over om elkaar te zoenen in een liefdevolle laatste scène terwijl het ijskoude water op ons neer klettert. Door zijn enthousiasme en vele complimenten voelen we ons ware diva's.

's Avonds komt Melvin twee mapjes met foto's afleveren in het hotel. Hij bedankt ons uitgebreid voor de samenwerking en werpt ons kushanden toe terwijl hij wegloopt. Zodra hij uit het zicht is rennen we naar onze kamer om ze te bekijken. Ze zijn prachtig, maar bloter dan we verwacht hadden.

'Hij zal er toch niks geks mee gaan doen? Straks staan we op een of andere website.' Lisette kijkt een beetje ongerust. Ik haal mijn schouders op. 'Als dat zo is kunnen we er nu toch niets meer aan doen. Kom, we gaan naar beneden. De Turkse avond begint zo. Khan gaat optreden, dat willen we toch niet missen?'

Lisette en ik besloten al op de eerste dag dat hij de leukste ober van het hotel was.

De kinderdisco is net afgelopen als we het terras bij het zwembad op lopen. Een groep hotelgasten stort zich op de dansvloer, bezwete lijven in korte broeken en rokjes. Wij kijken toe vanaf ons tafeltje aan de zijkant. Dan stopt de muziek en gaat iedereen zitten. Alle obers gaan nu op een rij staan op het terras. Terwijl *Gasolina* van Daddy Yankee uit de speakers knalt, zien we hoe Khan uit de rij obers naar voren stapt en in zijn eentje een show geeft als breakdancer. Het levert hem een daverend applaus op. We bestellen allebei nog een witte wijn.

'Eef, zou jij het heel erg vinden om morgenavond alleen te eten?' Lisette kijkt me verontschuldigend aan en ik begrijp direct wat ze bedoelt. Logisch dat zij en Sebastian nog wat tijd samen willen doorbrengen voordat we weer naar huis gaan.

'Tuurlijk niet, ik begrijp heus wel dat je hem nog wilt zien. Ga jij maar lekker met Sebastian op pad. Ik red me wel.'

'En als het daarna laat wordt omdat ik misschien wel met hem meega? Vind je dat heel vervelend?' In haar stem hoor ik dat ze het moeilijk vindt om dit te zeggen en stoerder dan ik van plan was antwoord ik: 'Welnee meid, ga ik lekker een avond vroeg naar bed. Elke nacht op stap hakt er toch wel in, merk ik.'

Als ik de volgende avond langs het fantasieloze buffet in het restaurant van het hotel schuifel voel ik hoe er naar me gekeken wordt. Ongemakkelijk kruip ik met mijn bord een beetje achteraf aan een tafeltje. Khan komt mijn kant op.

'*Where is Liset*?' Hij kijkt me vragend en een beetje ongerust aan. Ik leg hem uit dat er niets aan de hand is maar dat zij een date heeft met een oude bekende.

'*So you are lonely tonight*?'

Ik schiet in de lach en verzeker hem dat ik een avond alleen echt wel overleef, maar hij blijft me ernstig aankijken en gaat verder in zijn charmante Engels.

'I finish work at midnight. Wait for me on the beach, I am taking you out. A woman on holidays should not be alone.'

Ik zie dat hij het meent. De gedachten tollen door mijn hoofd. Is dit nou wel verstandig? Maar aan de andere kant, wat maakt het uit? Ik doe er niemand kwaad mee. En anders ben ik ook maar alleen. Ik drink nog wat op het terras en ga naar de hotelkamer waar ik vervolgens anderhalf uur doe over het uitkiezen wat ik zal aantrekken. Als ik om twaalf uur in Lisettes meest geweldige mini spijkerrokje en spierwitte topje op de afgesproken plek sta voel ik mijn hart in mijn keel bonzen. Ik sta al op het punt om terug te gaan als ik Khan aan zie komen. Zijn haar is nat en als hij dichterbij komt ruik ik de frisse geur van iemand die net onder de douche vandaan komt.

'*You look beautiful.*' Terwijl hij het zegt pakt hij mijn hand. Ik voel een aangename spanning. Samen lopen we het voor mij inmiddels bekende pad richting discotheek. Deze keer duurt het een hele poos voor we bij de ingang zijn. De geplooide portier trekt één kant van zijn unibrow op als we voor hem staan. Hij kijkt van mij naar Khan en terug en vraagt vervolgens '*Are you all right*?' Ik knik en probeer mijn allercharmantste lach op hem uit, waarop hij ons naar binnen laat. Als Khan vraagt wat ik wil drinken laat ik hem mijn zilveren bandje zien. Hij kijkt me niet-begrijpend aan, maar als ik even later terugkom met twee glazen wodka lemon zie ik in zijn ogen wat ik zelf al weet: dit wordt een topavond. We dansen de hele nacht door en Khan geeft zelfs een breakdance-optreden weg waarbij iedereen aan de kant gaat om naar hem te kijken en hem aan te moedigen. Een groot applaus volgt als het nummer is afgelopen. Ik gloei van trots omdat hij daar samen met mij is. In combinatie met de vele cocktails zorgt het voor een stiekem verliefd gevoel. Een bolle Duitser met grijs haar en een geruit overhemd dat op het dikste punt van zijn buik bijna openbarst, draait voortdurend om me heen en begint vervelend te doen. Als Khan het ziet slaat hij zijn arm om me heen en kust me in mijn hals.

'Ich bin natürlich zu alt für dich.' Het sarcasme in de stem van de Duitse man ontgaat me niet en even bekruipt me een onaangenaam gevoel, maar Khan trekt me mee en stelt voor om te gaan. Het is bijna vier uur en om zes uur moet hij weer werken. Dat ik daar niet aan gedacht heb! Wat een ramp, bijna geen tijd meer voor hem om te slapen. Maar hij verzekert me dat hij dit zelf heeft gewild en een geweldige tijd heeft gehad. Onderweg terug vraagt hij me of ik de kortste weg wil nemen of liever de weg langs het strand. Hij wacht het antwoord niet af en samen lopen we het strand op tot vlak bij de waterkant. Terwijl de maan haar zilveren licht in een smalle strook over de zee laat schijnen trekt hij me naast zich op het zand. Draaierig van de wodka beantwoord ik zijn kus. Meer aanmoediging heeft hij niet nodig. Even later voel ik hoe zijn handen over mijn lichaam gaan en mijn string in een handige beweging naar beneden trekken. Hij fluistert lieve woordjes en terwijl hij met één hand door mijn haar woelt voel ik hoe zijn andere hand zijn jeans bevrijdend losknoopt. Mijn hart bonst van opwinding als hij bezit van me neemt op het strand waar een paar uur later de toeristen hun handdoeken weer zullen uitspreiden, geen weet hebbend

van de gepassioneerde vrijpartij die daar zojuist heeft plaatsgevonden.

De volgende ochtend aan het ontbijt kijkt Lisette me geamuseerd aan. 'Met Khan. Natuurlijk. Ik kan je ook niet een nachtje alleen laten, hè.' Slap van het lachen vertellen we elkaar wat we die nacht, afzonderlijk van elkaar, allemaal beleefd hebben.

'Moeten we vaker doen, samen op vakantie.' Ze knipoogt naar me terwijl ze naar me proost met haar glas jus d'orange.

10

Met een zucht zet ik de verhuisdoos neer. Het was toch meer dan ik dacht, maar na vier keer heen en weer rijden hebben we de laatste spullen van Sven, inclusief zijn vuile vakantiewas, overgebracht naar mijn flat. Mijn flat, die vanaf nu onze flat zal zijn, want Sven heeft besloten dat hij bij mij wil wonen. Tevergeefs probeer ik de brok in mijn keel weg te slikken. Ik merk dat ik niet helemaal voorbereid was op de emotie die het weghalen van mijn kind uit zijn ouderlijk huis bij me oproept. Voor mij betekent het een nieuwe start, voor hem het begin van een gecompliceerd leven tussen twee huizen, twee werelden, twee ouders. Als ik hem aankijk zie ik mijn ontreddering weerspiegeld in zijn ogen. Snel wendt hij zijn hoofd af.

'Leuk kamertje, mam, goed behang ook.'

Sven kijkt rond naar het donkerblauwe sterrenbehang en ik zie hoe zijn blik blijft hangen bij de rand met ruimtemannetjes die vlak onder het plafond rondom tegen de muur geplakt zit. Ik vind het knap hoe hij als vijftienjarige de humor kan inzien van deze situatie. Tegelijkertijd merk ik ook bij hem een gevoel van opluchting. Op mijn vraag hoe de vakantie met zijn vader is geweest heeft hij slechts ontwijkend geantwoord. Het valt me op hoe bleek hij ziet ondanks het zonnige buitenleven van de afgelopen weken. Een intens schuldgevoel kruipt ergens vanuit mijn maagstreek omhoog en trekt samen rond mijn hart. Ik voel de tranen branden achter mijn ogen terwijl ik toekijk hoe Sven in de verhuisdozen zoekt naar de onderdelen van zijn computer.

Ruim twee jaar na de verhuizing met Henri naar een mooi nieuw huis werd onze zoon geboren. Een groter geluk kon ik me niet voorstellen, maar kinderen baren bleek niet mijn sterkste kant. Ik bracht Sven onder helse pijnen ter wereld en het arme mannetje bleek het ook flink benauwd te hebben gehad. Zijn hartje was volledig op hol geslagen en er heerste paniek op de verloskamer in het ziekenhuis. Piepers, rennende mensen in witte jassen, termen waar ik nog nooit van had gehoord, en al die tijd lag ik daar maar, ingeknipt, uitgescheurd en versuft van het harde werken en de pijn. Voor mijn gevoel duurde het uren, maar na drie kwartier kwam er eindelijk een verpleegkundige vertellen dat het beter ging met Sven. Hij moest wel een nachtje in de couveuse op de kinderafdeling. Alleen. De couveuse? Hij woog ruim 8 pond!

Nadat de schade aan mijn zwaargehavende onderlijf met naald en draad was hersteld, werd ik de gang op gereden om de nacht door te brengen in een kamertje ergens in dat grote ziekenhuis, ook alleen, met op het metalen nachtkastje naast me slechts een onduidelijk polaroidfotootje van mijn prachtige zoon. Honderd keer heb ik het vastgepakt en tegen me aangedrukt die nacht, de tranen stromend over mijn gezicht. Ik voelde me verdoofd en verward en begreep maar niet hoe de bevalling zo mis had kunnen gaan.

De volgende ochtend kwam er een nieuwe verpleegkundige binnen. De nachtdienst was kennelijk afgelost.

'Zo, we gaan eerst eens even plassen.' Ze pakte mijn benen, draaide ze over de rand van het bed en trok me overeind, maar het rare was dat ik niet rechtop kon staan. Ik had het niet eens in de gaten maar zakte als een pudding in elkaar. De verpleegster riep geschrokken de hulp in van een collega en samen legden ze me weer terug in bed. Daarna ging het snel, met bed en al naar de röntgenafdeling en even later de diagnose, symfysiolyse. Nog nooit van gehoord. De kraakbeenverbinding van mijn schaambeen was tijdens de geboorte losgescheurd waardoor mijn bekken compleet ontzet was. Voorlopig kon ik niet naar huis, eerst moest er een arts bij komen die hier een oplossing voor wist. Plat blijven liggen was de enige mogelijkheid, maar ik wilde naar Sven. Ik vraag me nog altijd af welke oerkracht me heeft bijgestaan om in de rolstoel naast mijn bed te komen. Aan het eind van de ochtend reed Henri me naar de kinderafdeling en hield ik eindelijk mijn kind in mijn armen. We waren die nacht bruut van elkaar gescheiden, maar nu voelde ik hem tegen mijn lijf. Een verbintenis voor het leven. Mijn kleine mannetje.

Er volgde een moeilijke tijd. Sven en ik bleven nog een tijdje in het ziekenhuis. Een kapot bekken kan niet in het gips, maar daar wisten de artsen wel iets op. Ik kreeg een soort brede band aangemeten met grote platte schotels die aan de zijkant van mijn lijf tegen mijn heupen aandrukten. Op die manier werden de losse delen van het schaambeen tegen elkaar gedrukt en kon het genezen, zo had men bedacht. In werkelijkheid viel dat behoorlijk tegen, want een aantal keren per dag moest de band los om op de po te kunnen.

Toen Sven en ik thuiskwamen begonnen de problemen pas goed. Ik kon niets. Overal had ik hulp bij nodig. Sven uit zijn bedje halen, in bad doen, aankleden. Ik moest zittend de trap op en af en durfde dat in het begin niet met een baby op mijn arm. Leonie nam haar vakantiedagen op om bij me te zijn. Wat was het fijn om mijn zus bij me te hebben in deze moeilijke tijd. Mijn ouders kwamen logeren. Vriendinnen sprongen bij. Week in week uit. Sven groeide als kool en was de liefste baby ter wereld, maar niets kon voorkomen dat ik weggleed in iets wat achteraf een onvervalste postnatale depressie was. Wat de gelukkigste tijd van mijn leven had moeten zijn werd een donkere periode vol onzekerheid en pijn. Het verdriet over deze totaal mislukte bevalling, mijn lijf dat me zo in de steek had gelaten en het langzame besef dat een tweede zwangerschap er voor mij niet meer in zou zitten, was allesoverheersend. Henri deed zijn best om zo veel mogelijk thuis te zijn en het allemaal goed te doen, maar wist het af en toe ook niet meer. Ik sloot me voor alles en iedereen af en richtte me volledig op Sven. Iets anders bestond niet meer voor me.

De weekendtas waar Sven twee weken lang zijn T-shirts en boxershorts in heeft gepropt ruikt naar modder en champignons. Hier en daar zie ik een vergeelde grasspriet tussen de klamme sokken. Terwijl ik de hele inhoud van de tas in de wasmachine stop die in het piepkleine keukentje tussen het aanrecht en de muur geklemd staat, hoor ik uit de kamer van Sven de geluiden komen van een computergame waarin geschoten wordt. Nou, dat heeft hij snel voor elkaar.

'Zullen we eerst de rest even uitpakken?' vraag ik hem voorzichtig. 'Je kleding kan wel in de kast in de hoek. Er zijn alleen legplanken, dus we moeten stapeltjes maken.'

Sven reageert afwezig met een 'ja, zo meteen', terwijl hij ondertussen met een verbeten blik kogels afvuurt op een griezelig uitziend wezen dat telkens weer opnieuw opstaat. Ik besluit hem maar even met rust te laten en duik de keuken in voor het avondeten.

Onwennig zitten we tegenover elkaar aan de krappe vierpersoons eettafel. Ik zie hoe Sven kauwend de omgeving in zich opneemt.

'Jeetje, mam, waar heb je die computer vandaan? Volgens mij komt die nog uit het Stenen Tijdperk.'

Ik vertel dat ik hem samen met het beukenkleurige tafeltje voor een paar tientjes heb gekocht bij de kringloopwinkel.

'Doe normaal!' Sven kijkt me met grote ogen aan en heel langzaam, als in slow motion, zie ik hoe de werkelijkheid tot hem doordringt.

'Zijn we nu arm?'

'Welnee schat, we moeten gewoon de komende tijd wat meer opletten met de uitgaven. Maar daar hoef jij je niet druk over te maken', zeg ik luchtig.

Voor Sven wordt het de eerste nacht in zijn nieuwe omgeving. Ik laat hem nog maar even zijn gang gaan tot ik zelf wil gaan slapen. Kennelijk is hij moe van de verhuizing, hij gaat tenminste zonder morren zijn tanden poetsen.

'Luxe badkamer, zeg.' Hij steekt zijn hoofd om de hoek van de woonkamerdeur en grijnst even naar me. 'Welterusten mam.' Ik hoor hoe hij de deur van zijn kamer dichtdoet. Doodmoe plof ik even later in bed en val als een blok in slaap.

Een enorm kabaal haalt me ruw uit mijn droom. Ik kijk op de wekker. Halfvier. Snel spring ik uit bed en loop het halletje in. Sven komt ook zijn kamer uit en kijkt me met grote, verschrikte ogen aan. Even is het stil, dan horen we het weer. Er bonst iemand keihard op de voordeur. Op mijn tenen probeer ik door het ronde raampje te kijken, maar ik zie niets. Doodsbenauwd open ik de deur met de veiligheidsketting erop en kijk door de kier, recht in het bijna tandeloze grauwe gezicht van een vrouw, die vraagt of ik wat geld voor haar heb. Ik schud mijn hoofd, waarop ze begint te schreeuwen en tegen de deur te trappen. Ik weet niet hoe snel ik de deur weer dicht moet doen. Na een paar minuten wordt het stil.

'Dat was onze bovenbuurvrouw, geloof ik. Ga maar weer slapen, volgens mij is ze weg.' Ik probeer Sven, die weer in zijn bed kruipt, gerust te stellen en trek het dekbed nog wat hoger over hem heen. 'Zal ik het licht uitdoen?'

Mijn bed voelt nog warm aan, maar ik kom niet meer in slaap door het voortdurende gestommel in de woning boven me. Willem heeft me verteld dat er een jonge vrouw, twee mannen en een jongetje van vier wonen. Het kind is het zoontje van de vrouw, maar of een van de mannen de vader is wist hij niet. In elk geval zijn de drie volwassenen drugsverslaafd. Ook al woon ik er nog maar net, regelmatig hoor ik enorme ruzies waarbij geschreeuwd wordt en dingen omvallen of worden rondgesmeten. Vaak eindigt zo'n ruzie in een luidruchtige vrijpartij. Ik zet dan de muziek harder om het maar niet te hoeven horen.

11

Vanaf de galerij op de tweede verdieping van mijn flat zwaai ik naar de auto die de straat uit rijdt. Vlak voordat hij de bocht om gaat zie ik nog net hoe Sven achter het zijraam zijn hand opsteekt. Wat ontzettend tof dat hij dit weekend bij zijn beste vriend Marco mag logeren, zodat ik er eens even uit kan.

'En als het vaker nodig is zeg je het maar, hoor. Hij kan altijd bij ons terecht.' De warme woorden van Margriet raakten me diep. Fijn om vrienden om me heen te hebben die niet oordelen. Die begrijpen dat ik dit uitstapje wel even kan gebruiken na de lange, moeizame periode die voorafging aan mijn verhuizing.

De auto is nog maar net verdwenen als ik een enorme knal achter me hoor. De voordeur. In het slot gevallen. Ongelofelijk stom van me om met deze wind de balkondeur én de voordeur tegen elkaar open te laten staan. Paniek overvalt me terwijl ik in mijn broekzak graai. Geen sleutels, geen mobiel. Ik tuur door het woonkamerraam naar binnen en zie op de klok die op de schoorsteen hangt dat ik nog precies twintig minuten heb voordat Sarah hier is. Terwijl mijn hart overuren maakt probeer ik een oplossing te bedenken. Willem. Snel loop ik naar zijn voordeur en bel aan. Het duurt een eeuwigheid voordat hij opendoet.

'Willem, ik heb je hulp nodig. Mijn voordeur is dichtgevallen en ik moet zo naar de boot. Ik ga een weekend naar Engeland.'

Willem neemt nog een diepe haal van zijn groezelige shagje en schiet hem dan tussen duim en wijsvinger over het galerijhek naar beneden. Hij trekt een enorme sleutelbos uit de binnenkant van zijn voordeur en sjokt op zijn sloffen achter me aan. Bij mijn deur aangekomen probeert hij eerst of zíjn sleutel past. Mijn opluchting voelt tegenstrijdig bij het zien dat dat niet het geval is.

'Zou ook wel een beetje gek zijn, toch, als hij zou passen?' Ik probeer het grappig te laten klinken maar Willem bromt slechts iets terug en drukt dan met zijn enorme vuist in één keer het patrijspoort-achtige raampje uit zijn rubbers naar binnen. Met zijn arm door het gat opent hij vervolgens de deur.

'Zo, gefikst.' Hij kijkt me triomfantelijk aan.

'Maar hoe moet het nou met dat raampje? Ik ga een paar dagen weg.'

Willem heeft intussen het raampje van de vloer opgeraapt. Als door een wonder is het nog heel en ik zie hoe hij het weer op zijn plaats drukt.

'Dat blijft wel effe zitten zo. Niemand die weet dat het los zit. Ga jij maar lekker naar Engeland.'

Ik zie hem lachend en hoofdschuddend weer zijn woning binnengaan.

Terwijl ik mijn koffertje op de achterbank van Sarahs kleine auto leg vertel ik haar het hele verhaal.

'Lekkere actie, Eef, hadden we nog bijna de boot gemist.' Ze zegt het met een glimlach en geeft nog een dot gas bij. We hebben zo naar dit weekend uitgekeken. Iedereen van Sarahs werk mocht een introducé meenemen bij dit personeelsuitje naar Newcastle. Eigenlijk zijn het maar twee nachten en één dag. De heen- en terugreis zijn 's nachts, overdag hebben we tijd om het Engelse stadje te verkennen.

Zodra we langs de douane zijn in de enorme terminal bij de veerboot hoor ik een hoop gejoel.

'Kijk ze nou staan, zootje ongeregeld.' Sarah loopt zwaaiend met één hand in de richting van het groepje. De stemming zit er zo te zien al lekker in. Ik schud handen en probeer zo goed mogelijk de namen te onthouden. Waardeloos dat ik daar toch zo slecht in ben. Op de een of andere manier raak ik altijd gebiologeerd door het uiterlijk van iemand met wie ik kennismaak. Een scheve wenkbrauw, een verdwaalde haar op een plek waar hij niet hoort, een klontje mascara in een rijtje wimpers. Er is weinig voor nodig om me zo af te leiden dat ik vergeet te luisteren.

'Gezellig, Saar, dat je haar hebt meegenomen.'

Ik kijk in het grijnzende gezicht van een blonde jongen die zich voorstelt als Daniël. Hij vertelt dat hij de collega is waar Sarah het meest mee samenwerkt. Al snel wordt me duidelijk dat de meeste collega's mannen zijn en dat bijna niemand een partner heeft meegenomen. Met z'n allen drommen we via de loopplank het schip in om op zoek te gaan naar de binnenhut waar we zullen slapen vannacht. Via een wirwar van verdiepingen en gangen vinden Sarah en ik uiteindelijk de hut, die meer weg heeft van een inloopkast met stapelbed. In de hoek zie ik een kunststof cabine waar op vernuftige wijze een douche en toilet in verwerkt zijn. Als je claustrofobisch bent kun je het hier wel vergeten.

Een halfuur later zitten we met de hele groep aan een glas bier in een nagebootst bruin café. Wat is het groot, zo'n schip. Onderweg naar het café heb ik een winkel en een casino gezien en bordjes die wijzen in de richting van het restaurant. Het diner die avond bestaat uit een Noors buffet om je vingers bij af te likken. Daarna zitten we al snel weer in het café, tot Daniël ineens zegt: 'Ze hebben hier ook een disco.'

Alsof hij zojuist een toverspreuk heeft gezegd staat iedereen op, om zich even later swingend en stampend onder de gekleurde lichtflitsen en discobollen op de kleine dansvloer te storten. Rondom de dansvloer staan tafeltjes waarop de voorraad bier voortdurend wordt aangevuld door het groepje collega's. Na een tijdje voel ik hoe de alcohol behoorlijk naar mijn hoofd begint te stijgen. Ik tik Sarah op haar arm.

'Ik wil even naar buiten.'

Ze knikt en zegt: 'Ik ga met je mee.'

Daniël loopt achter ons aan. Naast elkaar staan we van de frisse zeewind te genieten en kijken over de reling naar beneden. Mijn hoofd lijkt wel een achtbaan, straks maar gauw over op de Spa blauw. Ineens zie ik vanuit het zwarte gat voor ons een rij lichtjes opdoemen.

'Kijk, een tuinfeest!' Terwijl ik in de richting van de feestverlichting wijs, zie ik Daniël slap van het lachen tegen de reling aan hangen.

'Geniaal, een tuinfeest! Schat, we zitten midden op zee. Je kijkt naar een booreiland.'

De toon is gezet, vanaf dat moment hebben Daniël en ik de grootste lol. Sarah mist de grap. Ze geeuwt luidruchtig.

'Ik heb het wel een beetje gehad', zegt ze. 'Blijf jij nog maar, ik doe de deur van de hut niet op slot.'

Het loopt al tegen de ochtend maar ik wil nog niet naar bed. Daniël en ik gaan terug naar de disco. Ik zie dat het groepje collega's bij elkaar staat te smoezen. Nieuwsgierig ga ik erbij staan. Een van hen, Fabrizio, heeft een joint en wil die buiten aan dek met elkaar gaan oproken. De anderen vinden het geen goed plan, het is koud buiten en straks worden we betrapt door iemand van de bemanning. Fabrizio maakt een gebaar dat wil zeggen: 'Kom mee' waarna het hele groepje gretig achter hem aan loopt. Onderweg haken er toch nog een paar af die liever willen slapen. Even later zitten we met z'n zevenen in zijn hut, drie op het bovenbed, vier beneden. Fabrizio speelt met de joint en probeert ondertussen een oplossing te bedenken om hem op te steken zonder dat het alarm zal afgaan.

Ineens loopt hij naar het toilethokje in de hoek van de krappe hut. 'Ik heb het', zegt hij. 'Hier zit geen rookmelder.'

Daar staan we dan, met z'n zevenen giechelend tegen elkaar aan gedrukt als haringen in een ton in het krappe toiletje, dat wil zeggen, Fabrizio zit op de toiletbril en ik zit op zijn schoot. De anderen staan om ons heen. De joint gaat van hand tot hand terwijl de piepkleine ruimte zich vult met rook. Ik durf niet echt te inhaleren maar doe alsof, bang om de controle te verliezen en misselijk te worden.

De situatie doet me op de een of andere manier denken aan vroeger. In een flits zie ik mezelf in kleermakerszit in een kring zitten, mijn lange zwart kanten rok losjes gedrapeerd over mijn knieën. De anderen leunen loom achterover in de kussens van het versleten bankstel terwijl ze zwijgend de enorme sigaret gevuld met tabak en wiet doorgeven. Telkens wordt hij me aangereikt maar ik geef hem door zonder een trekje te nemen. Niemand lijkt het door te hebben. Terwijl we luisteren naar *Lullaby* van The Cure zie ik hoe mijn vrienden glazig voor zich uitstaren. Dat ik met mijn veertien jaar de jongste van allemaal ben denk ik handig te verdoezelen door de zwarte kohl-lijntjes om mijn ogen en een serene blik. Mijn lange blonde haren heb ik paars geverfd en rommelig opgestoken met speldjes.

Ik kijk naar Irina. Ze heeft een zwart jurkje aan met een vetersluiting voor. Met gesloten ogen leunt ze tegen de schouder van Kees, haar vriend. Kees is de oudste van allemaal. Een knappe vent met een baard en lang, donkerbruin golvend haar dat hij in een knotje draagt. Hij woont al op zichzelf. Ieder vrij uurtje brengen we met z'n allen bij hem door.

Mijn ouders weten van niets. Nou ja, niets, ze weten dat ik een stel vrienden heb waar ik vaak ben en ze kennen Irina. Dat er geblowd wordt vertel ik maar niet. Dat kan ik mijn ouders niet aandoen. Mijn moeder spreekt haar grootste angst niet uit, maar ze weet als geen ander dat haar brave dochter ook een andere kant heeft. Onlangs gaf ze mij een boek, *Het onkruid en de bloem*. Een verhaal over Alice, een Amerikaans meisje dat in een foute vriendengroep terechtkomt en uiteindelijk op haar vijftiende overlijdt aan een overdosis heroïne.

'Ik wil graag dat je dit leest.' Het was het enige dat ze erover zei.

'Jullie hebben wát?' Sarah stopt met kauwen en staart me aan terwijl ze haar croissantje teruglegt op haar bord.

'Ik kan jou echt niet een avond alleen laten, hè. Nou, daar zullen mijn collega's het nog lang over hebben.'

Ze zegt het lachend. Ik duw mijn bord weg. Eten, daar moet ik nu even niet aan denken. Eerst maar van boord, weer vaste grond onder mijn voeten. Newcastle gaat als een soort roes aan me voorbij. De enige attractie die de interesse kan wekken van ons gezelschap is een espressobar, waar we proberen onze kater onder controle te krijgen. Het geplande museumbezoek laten we graag aan ons voorbijgaan. Die middag zitten we met z'n allen op het open dak van een rode sightseeingbus onderuitgezakt te dommelen. Alleen Daniël zie ik enthousiast foto's maken. Onvermoeibaar, die jongen.

'Ik wil je trouwens het hele weekend al iets vertellen.' Sarah kijkt me aan en iets in haar blik trekt onmiddellijk mijn aandacht.

'Ik heb iemand ontmoet. Hij heet Marius.'

De gelukzalige glimlach van iemand die straalverliefd is trekt nu over haar gezicht en eindigt in een soort dommige grijns. Wat ken ik haar toch goed. Stom dat ik het niet eerder heb gezien, ik had het kunnen weten. Dit is menens, dat is wel duidelijk.

'Oké, vertel eens wat over hem? Waar ken je hem van? En hoe lang al?'

Sarah begint te vertellen. Over hun ontmoeting in De Gouden Koets, waar hij haar regelrecht versierde en vervolgens mee naar huis nam.

'Echt, Eef, ik weet niet wat me overkomt. Die man snapt tenminste wat een vrouw wil. En zo spannend, hij heeft me laatst een keer met handboeien aan het bed gebonden.' Ze giechelt terwijl ze het vertelt.

'Er is alleen één maar...'

'En dat is?' Ik kijk haar aan en zie een diepe frons tussen haar ogen ontstaan.

'Euhh, hij heeft een relatie. Hij lat met een vrouw die een kind van hem heeft. Maar hij vindt mij lekkerder. Zegt hij.'

'Wat wil je dat ik zeg? Je weet dat ik niet oordeel... Als hij je maar geen pijn doet, Saar.' Ik sla een arm om haar heen en samen zien we hoe Newcastle voorbijglijdt.

12

'Hier is het.' Lisette rijdt haar verroeste fiets met een zwenkende beweging het trottoir op, waarbij de metalige bonk van de velg de boterzachte voorband verraadt. Ik volg haar en zet mijn fiets zo dicht mogelijk tegen die van haar zodat het kabelslot om beide fietsen én de lantaarnpaal heen past. Niet zo'n lekker buurtje dit. De voorgevel van het pand waar we voor staan heeft volledig geblindeerde ramen, alsof er aan de binnenkant zwart papier tegenaan geplakt is. Net op het moment dat ik me afvraag of we eigenlijk wel zomaar naar binnen kunnen gaan, zwaait de zware verveloze voordeur open. Een magere jongen in een donkergrijs vest komt samen met een enorme wolk wietlucht naar buiten. Zijn capuchon heeft hij zo ver over zijn hoofd getrokken dat ik zijn ogen niet kan zien. Ik voel twijfel en onzekerheid opborrelen.

Was het nou wel zo'n goed idee, dit? Thuis in mijn flat zaten Lisette en ik nog vol stoere plannen. Mijn verhaal over de joint in het toilet op de veerboot had ervoor gezorgd dat onze nieuwsgierigheid gewekt was, ik wist nu immers nog steeds niet hoe het voelde om stoned te zijn. Daarnaast leek het mij een goed plan om het maar eens te ervaren, nu Sven op een leeftijd was dat hij het misschien ook wel een keer zou willen proberen. Kon ik hem in elk geval wat advies geven.

'Kom op, we doen het.' Lisette klinkt resoluut als ze de deurknop vastpakt en voor me in de donkere ruimte stapt. Ik weet niet wat ik verwacht had te zien, in elk geval geen houten loket met schuifluik. Rechts van het loket hangt een zwaar donkerbruin fluwelen gordijn. We kunnen niet zien wat zich daarachter bevindt, wat het allemaal nog spannender maakt. Plotseling wordt het luik omhooggeschoven en een kale man met een dikke nek vol tattoos kijkt ons aan.

'Ja?' Hij klinkt niet bepaald gastvrij.

'We willen graag een paar voorgedraaide joints.'

Ik probeer zo cool mogelijk te klinken. Lisette staat vlak naast me en leunt met een uitgestreken gezicht tegen de zijkant van het loket.

'Als jullie voorgedraaid willen heb ik een White Widow voor jullie. Anders wordt het een Haze. Zeg het maar.'

Ik heb geen flauw idee waar hij het over heeft. Wiet is toch wiet? Hoe kon ik nou weten dat je daar ook nog soorten in hebt. Zonder het antwoord af te wachten legt de man twee grote joints voor me neer.

'Neem de Widow maar, die is wat neutraler voor een beginner. Dat is dan zes euro.'

Als we weer buiten staan krijgen we acuut de slappe lach van de zenuwen. Met de joints diep weggestopt in mijn tas, alsof we elk moment kunnen worden aangehouden door de politie, stappen we op de fiets en rijden naar mijn huis. Sven is vanavond naar Mylène, zijn vriendinnetje. Ze zijn nu al een tijdje samen en sinds kort mogen ze ook bij elkaar blijven slapen. Haar ouders vonden het in het begin wel even lastig, maar realiseerden zich ook wel dat je dat soort dingen toch niet kunt tegenhouden. Vanavond komt het ons in ieder geval goed uit. Zo kunnen we ongestoord aan ons experiment beginnen. Het lijkt ons het beste om eerst iets te eten, maar niet te veel. Ieder een pistoletje met kaas en een glaasje sap. Vooral geen alcohol, dat gaat vast niet samen. Om acht uur zitten we allebei in een plastic kuipstoeltje op het balkon, verscholen achter het stenen muurtje dat dienstdoet als balustrade. Aan de waslijnen boven ons hoofd, onder het balkon van de bovenburen, wappert de dweil die ik eerder die dag heb gebruikt tijdens een aanval van schoonmaakwoede. Straks maar even binnenhalen.

Terwijl ik een grote glazen asbak, de twee joints en een aansteker klaarleg op het houten kistje dat ik gebruik als balkontafeltje, komt Lisette via de slaapkamerdeur het balkon op met twee glazen water. Het is al helemaal donker en hoewel het een zwoele avond is, verraadt de vochtige lucht op onze huid dat de zomer bijna voorbij is. Lisette pakt een van de joints op, steekt hem aan en inhaleert diep, waardoor ze keihard begint te hoesten. Dat is dus niet handig om te doen. Ik pak de andere joint en steek hem voorzichtig aan terwijl ik een klein haaltje neem. De scherpe rook prikt in mijn keel en even voel ik hoe mijn maag reageert op de penetrante wietgeur. Dan leunen we allebei achterover en beginnen ieder rustig trekjes te nemen van onze eigen joint. Na drie keer leggen we de nog steeds uit de kluiten gewassen peuken op de rand van de asbak.

'Voel jij al wat?' vraagt Lisette.

'Nee, niks. Misschien doen we iets niet goed. O kijk. Nou gaan ze ook nog uit.' Snel pak ik de halfopgerookte joint op en steek hem weer aan. Ik neem nog een paar haaltjes en voel dan ineens hoe mijn stoel op twee poten overhelt naar de zijkant. Ik probeer de armleuningen te grijpen maar mijn armen doen het niet. Geen beweging meer in te krijgen.

'Gaat het wel?' Ik zie hoe Lisette me bezorgd aankijkt, ik probeer iets tegen haar te zeggen maar er komt geen geluid uit mijn mond. Ze geeft me het glas water aan. Ik wil het aanpakken. Het glijdt tussen mijn vingers door en klettert op de grond. Kapot. Voorzichtig laat ik me een beetje onderuitzakken in het ongemakkelijke, krappe plastic stoeltje en blijf doodstil zitten. Dan voel ik hoe ik begin op te zwellen. Eerst een beetje, dan steeds meer, tot mijn lichaam zo ongeveer de omvang heeft van een volwassen hangbuikzwijn. Het groeien gaat maar door en ineens weet ik het zeker, over een paar tellen explodeer ik en hangt mijn vlees in reepjes over de waslijnen boven mijn hoofd. Ik kijk nog eens goed en dan zie ik het, allemaal bloederige lapjes, gedrapeerd over de plastic draden. Ik blijf er gebiologeerd naar kijken en volg de bloeddruppeltjes die in een vast ritme op de lichtgrijs geverfde betonnen balkonvloer vallen. O, wat afschuwelijk is dit! Een nachtmerrie.

Ik kan me niet meer bewegen en kan nauwelijks een woord uitbrengen. Er is maar één ding dat ik wil, ik wil dat dit stopt. Was ik hier maar nooit aan begonnen. Waarom moest ik dit zo nodig uitproberen voor Sven, wat een geluk dat hij niet thuis is. Dat hij niet hoeft te zien hoe zijn moeder er nu bijhangt.

'Ben je misselijk? Kom, ik breng je naar binnen.'

Lisette staat voor me en steekt haar hand uit. Ze trekt me overeind en zwaar op haar leunend strompel ik de slaapkamer in, waar ze me op het bed legt en het dekbed over me heen trekt. Rillend kijk ik toe hoe ze een emmer naast het bed zet en nog even op de rand komt zitten terwijl ze met haar hand mijn haar uit mijn gezicht veegt.

'Probeer maar te slapen, ik blijf bij je.'

Ik val als een blok in slaap en als ik twee uur later wakker word is alles weg. Kiplekker voel ik me, alsof er niets gebeurd is. Ik sta voorzichtig op en loop de kamer in waar Lisette met opgetrokken benen naar de tv zit te kijken. Als ze me ziet begint ze te lachen.

'Doen we nog een jointje?' Ze knipoogt terwijl ze een verpakking met daarin een half opgegeten Milkareep in mijn richting schuift.

Samen met Sarah loop ik een paar dagen later over het plein vol kroegjes en restaurants, waar brandende waxinelichtjes hun zachte licht uitnodigend verspreiden over de sfeervol gedekte tafels. Ik duik nog wat verder in de kraag van mijn jas, terwijl de motregen zich in fijne stroompjes een weg over mijn hoofdhuid baant om vervolgens kriebelend langs mijn nek naar binnen te sijpelen.

'Wat doen we? Maar even ergens naar binnen voor een drankje?' Sarah stopt even en kijkt me vragend aan. Als ik haar blik zie kan ik me niet helemaal aan de indruk onttrekken dat zij hier enkel en alleen voor mij loopt, ook al stemde ze onmiddellijk in met mijn voorstel.

'Goed plan, Bas en Fleur zijn een paar dagen bij hun vader, ik vind het veel te stil in huis', was haar reactie toen ik haar belde. Ik had het grootste deel van de dag keihard gewerkt aan een verslag voor Nederlands waarvan de deadline rap dichterbij kwam. Nadat ik op de knop 'verzenden' had gedrukt had ik zó de behoefte gevoeld om er even uit te gaan.

We ploffen neer op de rieten stoelen in de serre van ons favoriete namiddagcafé. Vanaf hier heb je zo'n lekker uitzicht op het plein en op iedereen die voorbijloopt. We bestellen een wijntje. Ik babbel wat over de opleiding. Eigenlijk is het meer klagen, over de enorme hoeveelheid huiswerk, de drukke stagedagen voor de klas en daarnaast ook nog mijn baan. Sarah knikt en mompelt af en toe wat. Ze zegt dat ze blij is dat zij ermee is gestopt. Toch merk ik dat ze niet echt met haar hoofd bij ons gesprek is. Net als ik wil voorstellen om maar weer naar huis te gaan gaat haar mobiel af. Ze veert op alsof ze door een wesp gestoken wordt en graait zenuwachtig in haar tas. Terwijl ze naar het scherm kijkt zie ik weer diezelfde gelukzalige glimlach op haar gezicht verschijnen die ik op de boot naar Newcastle heb gezien.

'Marius.' Ze kijkt me aan met een verontschuldigend optrekkende beweging van haar schouders en neemt snel op.

'Heeey schat, waar ben je? – Oké. – Ik? In de stad. – Hoe bedoel je? Nu?'

Ze giechelt even en aan haar blik kan ik zien dat hij iets heel stouts tegen haar zegt.

'Nee joh, ik ben met Eva.'

Ze luistert nu alleen nog maar en kijkt me dan aandachtig aan.

'Ik weet het niet. Zal ik het vragen?'

Ze laat de telefoon zakken en zegt dan langzaam, alsof ze het nog even goed tot zichzelf moet laten doordringen:

'Marius vraagt of ik naar hem toe kom. Met jou.'

Sarah en ik hebben altijd aan een half woord genoeg. Ook nu. Zonder verdere uitleg weet ik wat ze bedoelt. Ze legt haar hand over het toestel en zegt zachtjes:

'Wat kan ons het schelen. Doe het. We willen toch alles een keer meemaken?'

13

De entree van het appartementencomplex ziet er luxe en verzorgd uit. Het ruikt er alsof er zojuist is schoongemaakt. Mijn hart klopt in mijn keel terwijl Sarah en ik voor de deur staan te wachten. Ik hoor voetstappen in de gang van iemand die met een zware tred over een parketvloer komt aanlopen. Dan zwaait de deur open en zie ik een boomlange man met goed geknipt kort donkerblond haar staan die ons aankijkt met een uitdagend lachje om zijn mondhoeken. Hij draagt een mouwloos zwart shirt van een soort gaas en een strakke zwarte broek. Mijn blik blijft even hangen bij zijn blote, goed verzorgde voeten.

'Kom binnen, dames.' Hij doet een uitnodigende stap achteruit en trekt Sarah tegen zich aan. Ik zie nog net zijn tong verdwijnen als hij haar innig zoent. Daarna pakt hij mij bij mijn schouders, zegt nadrukkelijk 'zo, zo' terwijl zijn felblauwe ogen van mijn kruin naar mijn tenen gaan en geeft me drie zoenen op mijn wangen. Ik ruik een subtiele vleug Allure voor mannen van Chanel. Sarah is al doorgelopen door de lange gang met aan weerskanten deuren. Marius wenkt dat ik haar moet volgen. Ik voel zijn ogen in mijn rug prikken als ik verder loop naar de woonkamer. Mijn mond valt open. Woont hier echt een man alleen? Ik waan me in de luxe suite van een peperduur vijfsterrenhotel. Twee lage witleren loungebanken, een nog lagere vierkante glazen salontafel met messing randen, een enorm hoogpolig wit tapijt, prachtige schilderijen, overal brandende kaarsen en sfeervolle verlichting. En een bed. Midden in de woonkamer. Het roomwitte satijnen beddengoed ziet eruit alsof het net gestreken is. Ik kijk naar de smeedijzeren spijlen en denk aan het verhaal dat Sarah me heeft verteld over de handboeien.

'Joehoe, waar zit je?' Sarah wappert met haar hand voor mijn gezicht terwijl ze me lachend aankijkt.

'Wat je wil drinken.'

'Euhh, doe maar een frisje.' Onwennig kijk ik verder rond en laat me dan op de zachte leren bank zakken terwijl ik Sarah in de keuken zie staan in een omhelzing met Marius. Haar billen duwen tegen de rand van het zwartglanzende granieten werkblad. Marius steunt met één hand tegen de design afzuigkap boven hen. Zijn andere hand is verdwenen onder Sarahs truitje en moet zich ergens op haar rug bevinden. Ze praten met elkaar maar ik kan niet horen waarover. Ik leun achterover, mijn blik gericht op een langwerpig schilderij met veel goud en brons, als Marius met een glazen kan gevuld met water en drie in elkaar gestapelde glazen in mijn richting komt lopen. Oké, water. Ook goed.

Sarah heeft haar laarzen uitgedaan en nestelt zich met opgetrokken benen tegen Marius aan op de bank. Zijn arm ligt losjes om haar schouder terwijl hij mij allerlei vragen stelt. Aan zijn instemmende geknik merk ik dat hij de meeste antwoorden al kent, Sarah heeft hem zo te zien al het een en ander over mij verteld. Hij vult zelfs hier en daar mijn antwoorden aan waardoor ik een beetje lacherig word. Ineens springt hij overeind en loopt de gang in. Ik hoor een deur en wat gerommel in een kast of lade. Even later komt hij terug en legt drie roze driehoekige pilletjes op tafel.

'Zo, wat vinden jullie ervan als wij eens een klein feestje gaan bouwen.'

Sarah kijkt me aan en knipoogt. Mijn gedachten gaan terug naar de ervaring met de joint. Ik krijg het gevoel dat iemand mijn keel dichtknijpt en met een stemmetje dat absoluut niet van mij kan zijn hoor ik mezelf zeggen:

'Dat heb ik nog nooit gedaan. Ik denk niet dat ik dat durf.'

'Doe niet zo flauw, er kan niks gebeuren. Ik ben bij jullie. Laat je gewoon gaan.' Marius kijkt me indringend aan, pakt een pilletje van de tafel en spoelt het weg met een glas water. Ik zie hoe Sarah zijn voorbeeld volgt. Ik voel me een enorme spelbreker en twijfel giert door mijn lijf als Marius ineens zegt: 'Zal ik voor jou dan maar wat sterkers inschenken? Hou je van Licor 43?'

Als er iets is wat ik smerig vind is het die mierzoete Spaanse likeur, maar ik durf nu niets meer te zeggen. Even later staat er een tot de rand gevuld whiskyglas met het oranje-gele spul voor me op tafel. Ik neem snel een paar slokken. Marius rommelt wat aan zijn stereo en de rustige loungemuziek verandert nu in het gedreun van stevige hardtrance. Ik probeer me wat te ontspannen en naar de muziek te luisteren. De alcohol begint zijn werk te doen en ik sluit mijn ogen terwijl ik achteroverleun. Hoeveel tijd er verstreken is weet ik niet maar als ik ze weer open zie ik dat Sarah alleen nog een string aanheeft. Marius heeft zijn shirt uitgetrokken en ligt half achterover op de bank met Sarah tegen zich aan, haar rug tegen zijn borst, haar billen tegen zijn kruis gedrukt. Haar weelderige donkere krullen bedekken zijn rechterschouder doordat ze haar hoofd een beetje schuin houdt. Hij streelt haar tepels en kust haar nek. Dan zie ik hoe hij haar opeens van zich afduwt, opstaat en haar overeind trekt. In één beweging tilt hij haar op en loopt met haar naar het bed, waar hij haar voorzichtig neerlegt op het strakke laken. Ik knipper even met mijn ogen. Gaan ze dit echt doen waar ik bij ben? Ik sta op en voel dan pas de zoete benevelende werking van de likeur. Het glas voor me is leeg. Plotseling staat Marius voor me.

'Kom.' Hij zegt het zachtjes, alsof hij mijn angst en onzekerheid feilloos aanvoelt. Dan trekt hij me mee in de richting van het bed en trekt in een paar bewegingen al mijn kleren uit.

'Ga er maar eens lekker voor liggen.'

Hij pakt een klein flesje terwijl ik op het dikke matras op mijn buik draai. Ik voel hoe hij warme druppels olie over mijn rug en billen sprenkelt.

'Ik heb het voorverwarmd, dan schrik je niet zo.' Zijn bedreven vingers smeren de olie razendsnel uit en beginnen mijn rug te masseren. Eerst zacht, dan steeds steviger tot ik het gevoel heb in een soort trance te raken. Deze man is absoluut een expert. Alle zenuwen en gêne verdwijnen en als mijn lichtjes gespreide benen aan de beurt zijn voel ik hoe hij bij elke knedende beweging naar boven even zachtjes maar subtiel met zijn duimen tussen mijn benen bijna mijn intiemste plekje aanraakt.

'Draai je om', zegt hij schor terwijl hij opstaat om zijn broek uit te trekken. Ik heb al die tijd niet geweten waar Sarah was maar voel nu hoe ze naast me komt liggen. Marius klimt spiernaakt op het bed, buigt zich over haar heen en zoent haar, terwijl zijn ene hand over haar lichaam glijdt en de andere zoekend over het mijne.

'Jeetje, wat ga ik hard', hoor ik Sarah zeggen. Een korte vlam van spijt trekt door me heen omdat ik geen deel uitmaak van het kennelijk ongeremde gevoel dat de xtc bij hen oproept. Ik voel een hand tussen mijn benen en realiseer me dat het Sarahs vingers zijn die me betasten, terwijl ze Marius, die inmiddels op zijn rug ligt, met haar tong en lippen bewerkt. Ik hoor hem zachtjes kreunen terwijl hij met zijn handen door haar haar woelt. Dan zie ik hoe hij zich in de wirwar van ledematen over me heen buigt en met zijn natte tong over mijn borsten likt tot hij tevreden naar mijn harde tepels kijkt. Zodra hij zich weer tot Sarah richt glip ik van het bed af. Ze gaan zo in elkaar op dat ze niet merken dat ik mijn kleren van de grond raap en naar de gang loop. Ik vind de badkamer en kleed me snel aan. Als ik terugloop naar de kamer zie ik ze verstrengeld liggen, alleen nog aandacht voor elkaar. Zonder iets te zeggen sluip ik de voordeur uit en pak beneden snel mijn fiets. Even later race ik met een bonkend hart en de koude wind door mijn haren door de stille straten naar huis.

Ik kan de slaap moeilijk vatten en als ik na slechts een paar onrustige uren vol verwarrende dromen de volgende morgen wakker word, is de herinnering aan gisteravond het eerste dat in mijn gedachten opkomt. Met een kop sterke koffie in mijn hand zit ik aarzelend naar mijn telefoon te staren, maar Sarah is me voor met haar appje.

'Hey liefie, zullen we straks even een koffietje doen in de stad? Ik voel me een beetje ongemakkelijk na gisteravond en wil je graag even zien, haha.'

Sarah verwoordt precies wat ik voel. Snel kleed ik me aan om haar te ontmoeten. Als ik binnenkom in De Gouden Koets zie ik haar al zitten aan een tafeltje in de hoek. We schieten allebei in de lach terwijl we elkaar even omhelzen.

'Ik weet niet hoe jij erover denkt, maar wat mij betreft is dit niet voor herhaling vatbaar. Niks mis met *a nice fuck between good friends*, maar dit voelde een beetje als incest.' Sarah trekt een uitgestreken gezicht bij haar woorden en samen praten we nog even na over Marius met zijn indrukwekkende leidinggevende capaciteiten op erotisch gebied. Hij vond het erg jammer dat ik er zomaar tussenuit geknepen was maar begreep het wel. 'Jullie zouden geweldige escorts zijn samen', had hij gezegd. Ik proest mijn koffie bijna over tafel bij het horen van die uitspraak. De deur van het café gaat open en we zien een blonde vrouw van begin dertig binnenkomen met een lange jas van donkerbruin nepbont en suède laarzen met smalle hoge hakken. Achter haar komt een man binnen met een kind van een jaar of vier op zijn schouders. Hij maakt grapjes als hij bij de deuropening laag bukt om ervoor te zorgen dat het meisje haar hoofd niet stoot.

Marius! Sarah en ik kijken elkaar aan. We durven niets te zeggen. Ik hou mijn adem in en roer in mijn inmiddels lege koffiekopje. Dan schieten we allebei in de lach en kunnen niet meer stoppen.

'Dit is toch niet te geloven', hikt Sarah. '*Of all places.*'

De vriendin kijkt enigszins geïrriteerd in onze richting. Ze ergert zich zichtbaar aan ons gehinnik. Marius blijft strak voor zich uitkijken terwijl hij bij de barkeeper zijn bestelling plaatst. We besluiten dat het de hoogste tijd is om te gaan. Zo rustig mogelijk loop ik naar de bar om af te rekenen en raak nog net niet met mijn arm die van Marius. Ik hoor zijn ademhaling sneller gaan. Wat zou er gebeuren als ik nu zou vragen of hij en Sarah nog lekker hebben genoten na mijn vertrek gisteravond? Dan voel ik hoe het kleine meisje zich tussen Marius en mij in wurmt. Ze kijkt omhoog naar mij terwijl ze bezitterig het linkerbeen van Marius omklemt en zegt dan met een schattig stemmetje 'papa, mag ik Fristi?'

14

In gedachten verzonken schuif ik de spetterende tartaartjes heen en weer in de koekenpan op het vierpits gasstel. De aardappelen en broccoli zijn al klaar. Straks na de afwas snel aan de slag. Ik heb een groot deel van de dag gewerkt bij het tuincentrum. Het is voornamelijk werk achter de computer, inspannend omdat er absoluut geen fouten gemaakt mogen worden bij de bestellingen. Mijn hoofd zit eigenlijk vol, maar morgen geef ik een aardrijkskundeles aan mijn stageklas waar ik nog het nodige voor moet voorbereiden. Nu maar hopen dat de Turkse buurvrouw naast ons haar kinderen bijtijds in bed stopt. Ze kan die twee kleintjes volgens mij helemaal niet aan, haar voortdurende geschreeuw is om gek van te worden.

'Mam, waarom wordt het ineens zo donker?'

Tussen het gesis uit de pan door hoor ik Sven roepen vanuit zijn kamer. Meestal zit hij daar na schooltijd te gamen met de zware donkerblauwe gordijnen dicht, maar toen ik vanmiddag thuiskwam heb ik zijn grot eens goed onder handen genomen, het raam wijd opengezet en een flinke portie daglicht en zuurstof binnengelaten. Tjonge, wat een bende op die paar vierkante meter, ongelofelijk dat die jongen het daar uithoudt. Ik loop naar hem toe en zie dan door het raam hoe enorme zwarte rookwolken aan de galerijzijde van de flat omhooggestuwd worden en de oostkant van onze woning in duisternis hullen.

'Jeetje, Sven, kom gauw uit je kamer, dit is niet goed!' Ik ren de paar stappen terug naar de keuken, die aan de andere zijde van de flatwoning ligt. Ook daar zoeken inmiddels pikzwarte rookwolken als dreigende monsters hun weg omhoog. Buiten hoor ik nu ook sirenes en geschreeuw.

Sven staat al in de gang die naar de voordeur leidt. Ik grijp hem bij zijn hand, gris de sleutels van het schoenenkastje en trek de voordeur open. Er roept iemand door een megafoon dat iedereen binnen moet blijven, maar ik wil maar één ding: weg hier.

'Hou je hand voor je mond en probeer niet te ademen.' Ik sleur hem mee en samen rennen we naar het trappenhuis waar inmiddels geen twintig centimeter zicht meer is door de dichte rook. De leuning is ons enige houvast, het lukt ons om de drie betonnen trappen zonder misstappen af te rennen. Beneden aangekomen struikelen we hoestend en proestend naar buiten. We worden opgevangen door een paar brandweermannen die bezorgd vragen of het wel gaat. Ik kijk naar Sven en zie hoe hij me met grote ogen aankijkt, zijn gezicht verhit en vol zwarte vegen. Ineens merk ik dat ik enorm sta te trillen. Ik voel de tranen branden, mijn neus vult zich met snot. Dan voel ik twee handen op mijn schouders. Als ik opkijk zie ik een brandweerman die zeker twee koppen boven me uittorent.

'Brandt er boven nog gas, kaarsen of iets anders?'

Zijn vaderlijke stem kalmeert me enigszins, maar dan slaat de paniek opnieuw toe. De tartaartjes! Ik heb werkelijk geen idee of ik het gas heb dichtgedraaid voordat we het huis uit vluchtten.

'Denk even goed na.'

De grijze ogen in het gegroefde gezicht kijken me indringend aan, maar hoe hard ik ook mijn best doe om het me te herinneren, ik weet het niet meer. Ik zie hoe de man gebaart naar een paar collega's in donkergrijze pakken van rubberachtig uitziend materiaal met grote witte helmen op en een doorzichtig scherm voor hun gezicht. Hij vraagt om ons huisnummer en roept het in hun richting. Eén van de mannen steekt een hand op en rent in de richting van het trappenhuis, waar de rookwolken inmiddels nog dikker en zwarter zijn geworden. Dit kan niet waar zijn! Wat een sukkel ben ik ook. Straks gebeurt er iets verschrikkelijks met die brandweerman, is het te laat en kan hij er niet meer uit. Met ingehouden adem staar ik naar de ingang. Er klinkt een enorme knal onder uit het gebouw en voor het eerst is er ook vuur te zien. Dan hoor ik een hard krakend geluid alsof er iets afbreekt. Ik kan alleen maar denken aan die man die zich met gevaar voor eigen leven in de flat heeft gewaagd vanwege die ellendige tartaartjes. Op dat moment komt hij gelukkig weer naar buiten rennen, recht op me af.

'Het was uit, hoor.' Zijn stem klinkt alsof hij met zijn hoofd in een vissenkom praat, wat natuurlijk ook een beetje zo is met die helm en dat masker. Beschaamd en opgelucht tegelijk bedank ik hem. Inmiddels is het blussen in volle gang, waardoor de rook in eerste instantie nog heviger naar buiten wordt gestuwd. Ik zie nu pas hoeveel mensen er buiten staan. Een menigte van flatbewoners kijkt zwijgend van een afstand naar de entree, waar zich inmiddels een complete vijver van bluswater begint te vormen. Ik zie Willem staan en loop naar hem toe. Sven wijkt niet van mijn zijde, zijn timide lichaamshouding verraadt hoe erg ook hij geschrokken is.

'Willem, wat is er gebeurd?'

'Stelletje hufters, ze hebben de scooter van Lenie van eenhoog in de fik gestoken. Ze had hem heel effies in de gang voor haar berging laten staan omdat ze zo weer weg moest. Ik heb nog zo gezegd, die buitendeur moet op slot, mensen.'

Bij dat laatste verheft hij zijn stem terwijl hij snuivend de menigte in het rond kijkt. Niemand zegt iets. Een vrouw van een jaar of zestig met gelig geverfde haren, die bij een groepje buren een eindje bij ons vandaan stond te praten, sloft nu op haar roze badslippers in onze richting. Ze verbergt haar handen diep in de zakken van haar uitgezakte versleten vest.

'Etterstralen. Ik had hem nog niet eens afbetaald. Hoe mot ik nou naar me werk? Ik ken niet zonder me scooter.' Terwijl ze praat zie ik hoe haar slappe onderkin meebeweegt. 'Eerst al opgelicht door me huisgenoot, voor bijna vijftienhonderd euri's bij de Wehkamp gekocht op mijn naam. Ik dacht nog: wat mot hij nou met al die spullen? Toen is ie met de noorderzon vertrokken. Drie maanden huurachterstand. Alle troep die hij gekocht had heb ie meegenomen. En ik kan d'r mooi voor dokken.' Hoofdschuddend en in zichzelf mopperend loopt ze weer terug naar het groepje waar ze bij stond, waar ze het verhaal over de verdwenen medehuurder nog eens uitgebreid herhaalt.

Wat een geluk dat het nog geen winter is. Voor mijn gevoel hebben we uren buiten gestaan als het sein 'brand meester' wordt gegeven. Inmiddels is het helemaal donker.

'Kan ik niet even patat gaan halen, mam, ik stik van de honger.' Sven kijkt me vragend aan, ik zie hoe hij rilt.

'Lieverd, ik heb helemaal niets bij me.'

Mijn tas met mijn portemonnee en telefoon liggen nog boven. Stom dat ik die niet heb meegenomen. En onze jassen. Waarom mogen we nou niet terug naar onze woning? Een stel ernstig kijkende mannen met fluorescerend oranje pakken komt naar buiten. Eén van hen heeft een camera in zijn handen, twee anderen maken notities op een schrijfblok dat op een plankje geklemd is. Ze blijven nog even bij elkaar staan praten, dan spreekt een van de mannen de wachtende menigte toe.

'U mag weer naar binnen. Let goed op, want alles is erg nat en vuil. Wij komen zo nog even bij u aanbellen om te kijken of er schade in de woning is.'

Onmiddellijk dromt iedereen samen voor de ingang van het trappenhuis om zo snel mogelijk naar boven te gaan. Mijn oog valt op de sneakers van Sven. Die kunnen we wel weggooien, helemaal doorweekt en smerig van de rook en het bluswater.

Als we onze woning binnenkomen is de ernst van de situatie pas goed zichtbaar. De deur naar het balkon, dat grenst aan de keuken, heeft op een kier gestaan waardoor de rook vrij spel heeft gehad in huis. Alles, maar dan ook werkelijk alles is bedekt met een plakkerig laagje roet en in de lucht dwarrelen vreemde zwarte sliertjes. Het lijkt alsof we in een slechte film zijn beland. Waar moet ik in hemelsnaam beginnen met schoonmaken? Ik probeer het opkomende gevoel van totale ontreddering uit alle macht weg te slikken. Sterk zijn nu, voor Sven. Praktisch denken. Eerst iets te eten regelen. Waar is mijn tas? Ik kijk de kamer rond en zie dan mijn zo geliefde zandkleurige suède tas grauw en treurig over de rugleuning van een eetkamerstoel hangen. De zwarte rook heeft hem veranderd in een vieze, donkere, plakkerige zak. Zelfs aan de binnenkant zitten roetsporen.

Ik vis een tientje uit mijn portemonnee en geef het aan Sven.

'Haal maar even iets te eten bij de snackbar.'

Opgelucht pakt hij het aan en weg is hij. Het duurt niet lang voordat een van de mannen aanbelt. Hij stelt zich voor als rechercheur en doet een korte inspectieronde door het huis.

'Waar bent u verzekerd?' Hij kijkt me afwachtend aan

en ik voel hoe ik rood word. Geen idee. Ik kan toch moeilijk zeggen dat ik onderhuurster ben.

'Ik laat mijn nummer wel achter, bel het morgen maar even door. Het was ook wel heftig allemaal, begrijp ik best. O ja, had u nog iets in de berging staan?'

'O, mijn nieuwe fiets!' Helemaal niet aan gedacht. Nog geen twee maanden oud. Als er nog maar iets van over is.

'Voorlopig kan u daar niet bij. We sturen morgen iemand van een taxatiebedrijf om de schade beneden op te nemen.'

De man wenst me sterkte en weg is hij. Als Sven terugkomt met een enorme zak patat en kroketten spreid ik een badlaken uit over de eens zo mooie crèmekleurige hoezen van de bank. Gelukkig zijn ze afneembaar, die kunnen zo in de wasmachine. Mijn handen trillen niet alleen omdat ik zo lang niet gegeten heb. Het besef dat dit allemaal heel anders had kunnen aflopen dringt nu pas echt tot me door.

'Wat een puinhoop. Dit wordt best een klus, mam.' Sven kijkt rond en springt dan ineens overeind.

'Mijn computer!' Hij rént bijna naar zijn kamer, waar ik hem hartgrondig hoor vloeken. Het heilige apparaat staat nog gewoon aan maar het beeldscherm is veranderd in een soort matglas waarachter vaag de kleuren van de screensaver zichtbaar zijn. Ik weet nu al waar we gaan beginnen.

Het kost ons een paar uur, maar dan is de kamer van Sven weer redelijk op orde, ook al stinkt het er enorm, net zoals in de rest van het huis. Raar dat de indringende brandlucht me op de een of andere manier doet denken aan Hema-rookworst. Rond middernacht ligt Sven gedoucht en wel in zijn schone bed. Als ik de keuken weer in loop voor de zoveelste emmer sop, valt mijn oog ineens op de zwartgeblakerde tartaartjes en komen alsnog de tranen, die ik zo dapper voor Sven wist te verbergen.

15

Het is ruim twee weken later als ik weer eens afspreek om uit te gaan op zaterdagavond. Om negen uur 's avonds gaat de bel en staan Sarah en Lisette voor de deur, Sarah vrolijk zwaaiend met een fles rosé.

'Om alvast in de stemming te komen', zegt ze met een brede grijns. 'Hoe ga jij trouwens naar de stad? Heb je je fiets al terug?'

'Nee, er kwamen mannen van zo'n gespecialiseerd bedrijf die na een brand alles komen opknappen. Ze hebben mijn fiets meegenomen. Hij wordt helemaal schoongemaakt en nagekeken en daarna krijg ik hem terug.'

Met pijn in mijn buik denk ik aan mijn mooie nieuwe fiets die bedekt met een dikke laag vettig zwarte smurrie de dag na de brand in een vrachtwagen werd geladen.

'Ik heb nu een leenfiets. Van mijn moeder. Superlief, hè.

Ik moet hem wel aan de ketting leggen straks, want stel je voor dat hij gejat wordt.'

Even zie ik het bezorgde gezicht van mijn moeder weer voor me, toen ik haar vertelde over de brand en over mijn nieuwe fiets, die ik voorlopig alweer kwijt ben. Ze willen me zo graag helpen, mijn ouders, maar ik weet dat deze hele situatie waar ik in beland ben een regelrechte nachtmerrie voor hen is.

'Neem voorlopig míjn fiets maar, jij hebt hem harder nodig dan ik.' Ze gaf me het sleuteltje. Ik wist dat het niet waar was. Ze ging er nog zo graag op uit met mijn vader, hij in zijn scootmobiel, zij erachter op de fiets. Dankbaar nam ik het aan. 'Je krijgt hem echt zo snel mogelijk terug, mam.'

Even na elven fietsen we met z'n drieën in de richting van het centrum. Afwisselend twee naast elkaar en één erachter. We rijden op een drukke weg en alle drie naast elkaar is echt te gevaarlijk, vooral omdat ik de enige ben met verlichting die het doet.

'Gouden Koets of Het Binnenhof? Daar is het om deze tijd meestal al wat drukker.' Lisette rijdt voorop en roept over haar schouder in onze richting.

'Maakt mij niet uit', roep ik terug. Uitgaan is nog steeds zo nieuw en bijzonder voor me, ik voel een aangename spanning in mijn lijf terwijl we onze fietsen met een kettingslot vastzetten aan een hek. Even later wurmen we ons tussen de druk pratende bezoekers van Het Binnenhof door richting toiletten. Altijd eerst checken of ons haar goed zit natuurlijk. Ik werk snel mijn lipstick bij, Lisette doet na twee pogingen om een soort knot van haar lange steile haar te maken zuchtend het elastiekje om haar pols en likt even aan haar vinger om een vlekje mascara weg te wrijven onder haar oog. Sarah staat bij de ingang van de toiletten op ons te wachten. Zij vindt al dat gedoe met make-up maar flauwekul, maar is dan ook gezegend met een on-Hollands tintje en prachtige donkere wimpers. Dan heb je het toch een stuk makkelijker als vrouw. We halen een drankje en vinden een stukje ruimte aan de rand van de kleine dansvloer, dicht bij de bar. Echt praten lukt hier niet, zo vlak bij die grote speakers, maar van hieruit kunnen we alles goed overzien.

De deur gaat open. Een lange jongen met kort donker haar komt binnen, diep weggedoken in de kraag van zijn jack. In de spiegel achter de bar zie ik hoe hij in onze richting loopt. Als hij vlakbij is voel ik plotseling een lichte rilling langs mijn ruggengraat gaan, alsof iemand er met een veer langs strijkt van boven naar beneden. Hij loopt zo dicht langs me dat ik de geur ruik van sigarettenrook, vermengd met de kou die zich genesteld heeft in het leer van zijn jack. Ik kijk hem na. Als hij me zo'n vijf stappen voorbij is, draait hij zich plotseling om, met zijn handen tastend naar zijn broekzakken alsof hij zojuist ontdekt heeft dat hij iets kwijt is. Ik zie hoe hij met zijn hoofd schuin naar beneden onder zijn wenkbrauwen vandaan steels naar me kijkt en terwijl ik zijn blik vang zie ik een verlegen lachje om zijn mond verschijnen. Dan draait hij zich abrupt om en verdwijnt in de menigte van pratende en lachende mensen.

'Zag je dat?' zegt Lisette.

'Wat?' antwoord ik, terwijl ik mijn lege glas ronddraai in mijn hand.

'Schei uit, dat zag je toch ook wel? Die jongen!'

Ik voel me plotseling betrapt en moet lachen. Voor haar kan ik nooit iets verbergen, het lijkt wel of ze een antenne voor dit soort dingen heeft.

'Vijf minuten', zegt ze.

'Wat, vijf minuten?' Ik kijk haar vragend aan.

'Dan is hij hier terug. Met een smoes.' Ze klinkt overtuigd.

'Ach welnee. Je overdrijft.'

Samen lopen we in de richting van de bar, waar ik een verkreukeld briefje van twintig euro uit de zak van mijn spijkerbroek vis. Sarah staat een stukje verderop te praten met een vrouw die ik vaag van gezicht meen te kennen. Zij komt straks wel terug, dan haal ik voor haar alsnog een drankje.

'Twee biertjes', zeg ik stoer tegen de barman, die geroutineerd schuimkragen van vaasjes Heineken staat af te strijken, ondertussen hard meezingend met *Don't Phunk with My Heart* van The Black Eyed Peas. Met een zwierige beweging belanden de twee glazen voor me op de bar. Het wisselgeld heeft hij al klaar voordat ik hem het briefje geef. Ik verdenk barkeepers serieus van een soort helderziendheid.

'Op twee uur, ik ga plassen', zegt Lisette en weg is ze. Op het moment dat tot me doordringt dat dit weer eens haar gebruikelijke codetaal is, voel ik dat er iemand achter me staat. Zonder me om te draaien weet ik dat hij het is.

Ik blijf strak voor me uit kijken, ondertussen spelend met een bierviltje dat doorweekt op de vale houten bar ligt. Zodra het meisje dat naast me stond zich met drie glazen onhandig in haar handen geklemd een weg zoekt richting dansvloer, neemt hij haar plaats in. Ik kijk opzij, recht in een paar donkere ogen. Als gehypnotiseerd staar ik hem aan.

'Ken jij mij?' vraagt hij. Dit is wel de meest bizarre openingszin die ik tot nu heb gehoord. 'Gevalletje alzheimer', zou Lisette zeker gezegd hebben.

'Ik weet het niet', antwoord ik. De spanning is nu voelbaar. Hij zegt nog iets maar ik versta hem niet door de muziek die steeds harder lijkt te worden.

'Kom mee naar buiten, dit gaat niet', zegt hij.

'Mijn vriendin...' begin ik, maar Lisette komt aanlopen en knipoogt alleen maar. Ik grijp mijn jas van het haakje onder de bar, pak mijn glas en loop achter hem aan. Buiten haal ik rillend in de vrieskou een sigaret uit mijn pakje en geef hem er ook een. Hij geeft me vuur terwijl hij me strak aankijkt.

'Ik wil alles over jou weten', zegt hij zacht.

Het volgende halfuur praten we aan één stuk door, allebei bang om de magie te verbreken. De donkere ogen, de sensuele mond, de manier waarop hij af en toe zijn hand door zijn haar haalt, zijn stem, alles aan deze jongen is sexy. Hij meest aantrekkelijke is dat hij het zelf helemaal niet door lijkt te hebben. Lisette en Sarah komen naar buiten met een sigaret in hun hand. Ze kijken in mijn richting en twee seconden later staan ze bij ons en stellen zich aan hem voor.

'Dave.' Hij geeft hun allebei een hand en ik besef ineens dat ik zijn naam nog niet eens wist. Ik zie hoe ze hem nieuwsgierig aankijken en een snelle blik met elkaar wisselen. Dan pas dringt tot me door hoe ontzettend koud ik ben geworden. Met z'n vieren gaan we terug naar binnen, richting bar, waar hij voor ons allemaal een drankje bestelt. Drie bier en een Coebergh ijs voor Sarah. De dj is kennelijk in zijn Hollandse uurtje beland, iedereen zingt luid en aangeschoten mee met André Hazes. Meestal voor Lisette, Sarah en mij het signaal om een deur verder te gaan, maar deze keer weet ik dat ik wil blijven. Plotseling doemt er een groepje van drie jongens voor ons op. 'Hey ouwe!' Eén van de jongens, een lange knul met blonde stekels, slaat een arm om Daves schouders. Pfff, dat 'ouwe' was dus niet tegen mij...

'We gaan ervandoor, ga je mee?'

Oké, dat was het, denk ik.

'Gaan jullie maar, ik blijf', hoor ik hem zeggen. De blonde jongen kijkt van mij naar Lisette, en terwijl zijn blik bij haar blijft hangen zegt hij met een veelbetekenende grijns 'Tuurlijk, pik!'

Ik zie hen verdwijnen in de richting van de deur en plotseling overvalt me een licht ongemakkelijk gevoel, alsof je na een toestand van verdoofd geweest zijn weer bij je positieven komt. Ineens is het anders, geen toevallige ontmoeting meer met vrijblijvende afloop. Hij blijft hier staan voor ons, voor mij. Alsof hij de verandering aanvoelt schuift hij zijn hand in de achterzak van mijn spijkerbroek en trekt me een stukje naar zich toe. Ik kijk snel om me heen of niemand het ziet, maar iedereen om ons heen staat druk te praten, te lachen, te dansen. Ik ontspan een beetje en besluit gewoon maar te genieten van dit bizarre moment.

Sarah komt vertellen dat ze naar huis gaat. Ze is moe en heeft morgen een vroege dienst. Bij haar afscheidskus fluistert ze nog even snel in mijn oor 'lekker ding, Eef', en weg is ze. Naast me zit Lisette met één bil op de kruk die ze heeft weten te bemachtigen. Ze wordt het zat. Ik voel het zoals ik dit soort dingen bijna altijd aanvoel. Zonder woorden, zonder een blik te wisselen zie ik aan haar lichaamstaal dat haar houding van geamuseerd overgaat in lichte irritatie. Ik ben hier immers met mijn vriendinnen gekomen en nu is er plotseling iemand die al mijn aandacht opeist. Een licht schuldgevoel kruipt langzaam onder mijn huid. Ik raak haar arm aan.

'Zullen we zo gaan?' vraag ik haar. Ze knikt en ik meen iets van opluchting rond haar mondhoeken te zien. Hij begrijpt het direct en trekt zijn hand terug uit mijn broekzak. De plek voelt ineens raar koud aan.

'Zie ik je weer?' vraagt hij zachtjes, zijn gezicht in mijn haar. Mijn hart vergeet spontaan een slag en ik voel hoe ergens in mijn hals een adertje verdacht begint te kloppen. Ik knik. Hij pakt zijn telefoon en kijkt me vragend aan. Terwijl mijn mond aanvoelt alsof ik zojuist een pak wattenschijfjes geprobeerd heb te eten, geef ik hem mijn nummer. Hij legt zijn hand in mijn nek en even ben ik bang dat hij me zal zoenen, daar midden tussen al die mensen, maar hij vangt de spanning op in zijn handpalm en strijkt even met zijn vingertoppen over mijn wang. Ik lach opgelucht naar hem en verdwijn, zonder nog om te kijken. Samen met Lisette fiets ik door de vrieskoude nacht, maar ik heb het bloedheet. We zwijgen tot het punt waar onze wegen scheiden. Daar stapt ze af, legt haar hand op mijn hand op het stuur en zegt bijna plechtig: 'Ik heb wel gezien hoe jullie naar elkaar keken. Lekker slapen zo en morgen zie je wel hoe je je erover voelt. Ik bel je.'

Terwijl ik de sleutel in het slot van de donkere berging onder het flatgebouw steek, klinkt uit mijn tas zacht het vallende druppelgeluid van een berichtje.

16

Mijn hart bonkt in mijn keel als ik de deur opendoe. Daar staat hij, verlegen lachend en nog net zo leuk als een uur geleden. Ik laat hem binnen en zie hoe hij nieuwsgierig rondkijkt.

'Wat wil je drinken?' Ik heb het blikje bier al in mijn handen maar hij zegt: 'Doe maar water, ik heb genoeg gedronken'. Als ik in de keuken het glas vol schenk voel ik ineens zijn armen om mijn middel. Ik zet het glas op het aanrecht en draai me om. Het volgende moment voel ik zijn lippen op de mijne en lijkt het alsof de grond onder mijn voeten verdwijnt. Na een zoen die voor mijn gevoel oneindig duurt tilt hij me op.

'Zeg maar waar ik heen moet.' Zijn stem klinkt een beetje hees. Zonder woorden wijs ik in de richting van mijn slaapkamer, waar hij me voorzichtig op het bed neerlegt en naast me komt liggen. Ik voel zijn zoekende zachte handen onder mijn truitje over mijn huid gaan. Wat een geluk dat ik vandaag mijn mooie roodkanten lingeriesetje heb aangetrokken. Snel trek ik mijn truitje, spijkerbroek en laarzen uit.

'Heb je geen sokken aan?' Ik zie hoe hij verbaasd naar mijn voeten kijkt.

'Nee, hou ik niet van.'

Hij lacht en strijkt met zijn vinger langs de kanten randjes van mijn bh, naar beneden via mijn navel in de richting van mijn string. Ik zie zijn aarzeling en realiseer me ineens dat hij misschien niet zo ervaren is als ik had ingeschat. We zoenen nog een tijdje en ontdoen ons van de laatste kledingstukken. Dan trekt hij me plotseling boven op zich. Terwijl ik me langzaam op hem laat zakken en zijn ritme overneem, voel ik hoe een intens gevoel van geluk me overvalt. Zijn lieve woorden, zijn zachte gekreun, die ogen. Als ik na een tijdje tegen hem aan lig en bijna in slaap val weet ik het zeker, ik ben smoorverliefd.

Er gaan zes dagen voorbij na de ontmoeting met Dave, die eindigde in die amoureuze finale in mijn slaapkamer. Zes lange dagen waarin ik afwisselend met mijn hoofd in de wolken liep of onzeker naar mijn telefoon staarde in afwachting van een levensteken. Maar vanmorgen kwam dan toch het verlossende appje: *Wat doe je vanavond?*

Ik kijk op mijn horloge en zie dat ik nog twintig minuten heb. Hij heeft gezegd dat hij me komt ophalen met zijn auto. In het zwakke licht van het lampje boven de wastafel werk ik snel mijn mascara nog een beetje bij. Wat een geluk dat Sven zijn vrienden heeft uitgenodigd voor een gezellige avond hier thuis. Nu durf ik wel even weg te gaan, waarschijnlijk vindt hij het alleen maar fijn dat ik ophoepel. Ik zeg tegen hem dat ik naar Sarah ga en dat hij me moet bellen als er iets is. Ook al voel ik me schuldig over de leugen, ik wil hem niet vertellen dat ik een date heb met iemand die maar zes jaar ouder is dan hij. Ik vind het zelf ook wel een beetje raar, maar het overkomt me telkens. Zou dit nou wat ze noemen een midlifecrisis zijn? Na de laatste instructies trek ik de voordeur achter me dicht en kijk over de galerij naar beneden. Hij staat er al. Mijn handen voelen klam aan als ik beneden aankom en het portier van zijn auto opentrek. Snel kijk ik nog even omhoog, ook al heb ik niet de illusie dat Sven me voor het raam staat uit te zwaaien. Dan stap ik in en kijk opzij. Hij is ook nerveus. Ik zie het.

'Hey.' Een snelle kus op mijn mond. 'Zeg het maar. Waar wil je heen?' Hij vraagt het op een nonchalante toon, wat mijn onzekerheid alleen maar erger maakt.

'Maakt niet uit, heb jij een idee?'

Hij haalt ontkennend zijn schouders op en start dan de auto. Het blijft even stil, dan beginnen we allebei tegelijk te praten. We schieten in de lach en ik besluit om het ijs verder te breken.

'Ik was stikzenuwachtig om je weer te zien, stom hè.'

'Nou, ik ook, pfff. Ik durfde het eerst niet eens te vragen.' Hij kijkt me nu aan met dat heerlijke verlegen lachje. Terwijl ik verder babbel tegen hem over Sven die thuis is met wat vrienden en dat ik hem daarom niet bij me thuis kon uitnodigen, zie ik hoe hij een smal weggetje indraait dat een soort park in lijkt te gaan. Hier ben ik volgens mij nog nooit geweest. Het loopt dood en aan het eind komen we bij een parkeerplaats, omringd door bomen.

Het moet de zomer zijn geweest waarin ik zeventien werd. Hij was niet mijn eerste vriendje, dat niet. Ik was al eerder smoorverliefd geweest op een knappe jongen die twee klassen hoger zat en me 's morgens kwam ophalen met zijn brommer. De verkering eindigde desastreus door allerlei misverstanden. Er volgde maandenlang liefdesverdriet, totdat Barry op mijn pad kwam.

Barry was zo'n jongen waar alle meisjes hun hoofd voor omdraaiden. Blonde krullen tot ver over zijn schouders, een zonnebril met blauw getinte glazen, stoere jeans en een snelle BMW. Oké, het was een oud beestje, die auto, maar dat maakte niet uit. Als Barry langsreed in het dorp, één arm half uit het raampje, leek het alsof er een rockster voorbijkwam.

In de enige disco die ons dorp rijk was en waar ik zaterdagavond samen met een vriendin tot halftwee naartoe mocht, stond hij op een avond naast me en bood me een drankje aan. Het werd het begin van onze verkering. Vanaf dat moment haalde hij me regelmatig op om uit te gaan. Mijn ouders vonden het maar niks. Barry was zeven jaar ouder dan ik en waarschijnlijk hadden zij eerder dan ikzelf door dat je zo'n jongen geen maanden aan het lijntje kunt houden met een kusje. Daar kwam bij dat Barry een stevig biertje lustte en vervolgens met een snelheid van honderdzestig kilometer per uur over de snelweg scheurde met mij naast zich. Ik zag geen gevaar en genoot met volle teugen. Meestal eindigde zo'n avond ergens op een afgelegen plekje, waar we vervolgens de liefde bedreven bij het schijnsel van zijn dashboardverlichting. Ik prees me gelukkig dat mijn eerste seksuele ervaring met een jongen was waar ieder meisje van droomde, iemand die graag bereid was om zijn kennis met mij te delen en mij zo het nodige bij te brengen.

Op vrijdagmiddag stond Barry me vaak bij school op te wachten, het raampje van zijn BMW open, harde rockmuziek aan en een hand met sigaret naast zich uit het raam bungelend.

'O, hij staat er!' Mijn vriendin stootte me dan aan en wees in zijn richting. Ik gloeide op zo'n moment van trots en liep zo nonchalant mogelijk in zijn richting, om vervolgens in te stappen, waarna hij met veel lawaai wegscheurde. Het weekend kon weer beginnen.

Ik had het nog een eeuwigheid kunnen volhouden en zag dus ook totaal niet aankomen dat Barry zich begon te vervelen. Hij had zoveel leuke meisjes voor het uitkiezen. Op een zondagavond zei hij het. Zomaar uit het niets. 'Ik stop ermee.'

Mijn wereld stortte in en wekenlang was ik ontroostbaar. Ik was ervan overtuigd dat ik nooit meer verliefd zou worden en eenzaam zou eindigen omdat Barry verdwenen was uit mijn leven.

Dave zet de auto neer in een donkere hoek onder de bomen. Zodra hij de motor heeft afgezet en de lichten gedoofd, draait hij naar me toe, fluistert dat hij de hele week aan me gedacht heeft en begint me te zoenen. Ik voel hoe alle onzekerheid van me afglijdt terwijl ik zijn zoen beantwoord. Zijn handen gaan over mijn lichaam, onder mijn shirtje en vervolgens omhoog over mijn dijbeen. Dan buigt hij over me heen en laat de rugleuning van mijn stoel helemaal zakken. Terwijl hij me blijft zoenen voel ik hoe hij zijn hand verder omhoogschuift onder mijn rokje en mijn string naar beneden trekt. Zijn onderzoekende vingers en zijn zachte gekreun zijn zo opwindend dat niets me meer kan schelen. Wie had dat gedacht, schiet het door me heen, dat ik dit nog eens zou doen na al die jaren. In een auto.

Appjes sturen is echt een vrouwending denk ik. Mannen zijn er niet zo mee bezig en realiseren zich volgens mij ook niet dat de meeste vrouwen elke komma, elke nuance proberen te analyseren om er vervolgens allerlei, vaak voorbarige conclusies uit te trekken.

'Volgens mij heeft hij het gewoon druk.' Lisette tuurt naar het laatste berichtje op mijn telefoon en geeft hem dan aan me terug.

'Ja, dat kan zijn, maar in het begin waren zijn berichtjes gewoon anders.'

'Jeetje, Eef, je lijkt wel een puber. Je ziet hem toch elk weekend? Laat het los, hij komt vanzelf weer.' Ik hoor nu een licht ongeduld in Lisettes stem. Dan pakt ze mijn hand en sleept me mee naar de gang. Voor de spiegel trekt ze één schouder van mijn shirtje omlaag en draait me om.

'Hier, kijk dan. Je weet waarom je dit hebt gedaan, toch? Je wilde niet meer afhankelijk van iemand zijn, nooit meer.

Dat waren jouw eigen woorden. Maar in plaats daarvan word je telkens smoorverliefd als iemand je een beetje aandacht geeft.' Ik hoor hoe Lisette haar stem verheft in een verwoede poging mij weer met twee benen op de grond te krijgen en staar naar de tattoo op mijn linkerschouder. *It's my life* staat er in sierlijke letters.

Sven was een jaar of tien en wilde dolgraag tijdens onze vakantie in Spanje naar het vlakbij gelegen waterpretpark. De hele dag had ik geen kind aan hem, glijbaan op glijbaan af. Henri genoot net zo hard, ik zag hen af en toe joelend voorbijrennen. Ondertussen vermaakte ik me prima, liggend op mijn badlaken, bladerend in de meegebrachte tijdschriften. Een keurige moeder in een nog keuriger badpak. Om me heen allemaal herkenbare taferelen van moeders die kinderen insmeerden met zonnebrandcrème en pakjes limonade uitdeelden uit een plastic koelbox. Vlak langs me liepen drie jongens. Ze vielen een beetje uit de toon in dit subtropische kinderparadijs. Waarschijnlijk waren ze afgekomen op de meer spannende attracties, zoals een waterglijbaan met een soort vrije val aan het begin. Ik schatte hen een jaar of twintig. De middelste, een lange, kaalgeschoren jongen, keek me even aan met zijn bijna zwarte ogen. Ik voelde een lichte schok door me heen gaan. In zijn blik lag zoveel bitterheid en pijn dat ik bijna fysiek terugdeinsde. Toen ze voorbij waren zag ik de tattoo op zijn rug. In opvallende, Gotische letters stond het er. IT'S MY LIFE. Mijn hemel, wat moest er gebeurd zijn in zijn jonge leven om dát zo groot op zijn rug te laten zetten. Op hetzelfde moment wist ik het. Als er ooit iets in mijn leven zou veranderen waardoor ik er alleen voor zou komen te staan, dan zou dat mijn tattoo worden. Deal.

Op de dag dat mijn scheiding van Henri officieel was, maakte ik de afspraak bij een gerenommeerde tattoo-artiest, een week later stond het op mijn schouder.

De weken die volgen zijn moeilijk. Ik volg Lisettes advies op en stuur geen berichtjes meer aan Dave. Mijn aandacht probeer ik zo goed mogelijk te verdelen tussen Sven, mijn studie, het werk, de familie en mijn vriendinnen. Ik heb hem al zo'n beetje opgegeven als hij plotseling weer contact opneemt. Hij laat weten dat hij veel heeft nagedacht en met me wil praten. Ik ga ervan uit dat hij het toch nog op een nette manier wil afronden en spreek af om hem te ontmoeten. Die avond haalt hij me op en rijden we naar het strand. Het waait behoorlijk maar we besluiten om toch een stukje langs de branding te lopen. Terwijl de schelpen knarsen onder mijn laarzen vertelt Dave me hoe moeilijk hij het heeft gehad de afgelopen weken. Dat zijn verstand hem keer op keer vertelde dat ons leeftijdsverschil te groot was maar dat zijn gevoel steeds de overhand kreeg. Hij pakt me vast en ik zie tranen in zijn ogen.

'Ik kan dit niet.' Hij trekt me naar zich toe en zoent me. De avond eindigt op ons inmiddels vertrouwde plekje in het park, maar deze keer voelt het anders. Zo intens, zo vol passie. Een afscheid. Als hij me thuis afzet en de straat uit rijdt weet ik dat het voorbij is.

17

Als een bezetene trap ik tegen de wind in naar huis terwijl ik de opkomende paniek onder controle probeer te krijgen. Ik fiets zo hard dat ik de metalige bloedsmaak in mijn mond proef die ik me plotseling herinner uit een incident in mijn kindertijd. Samen met een vriendinnetje zou ik langsgaan bij een klasgenootje dat op een boerderij woonde. We dachten slim te zijn en een stuk af te snijden door dwars door het zompige weiland te lopen, maar hadden de stier niet gezien. In volle vaart, met briesende neusgaten kwam hij op ons af. We renden voor ons leven en uiteindelijk bleek een sloot onze redding. Drijfnat tot aan mijn middel en volkomen buiten adem, maar ontsnapt aan de woedende stier. Dagenlang heb ik nog de pijn in mijn keel en op mijn borst gevoeld.

De vergadering na schooltijd had tot over zessen geduurd. Na afloop zag ik pas dat Sven me zeven keer had geprobeerd te bellen. Ik had hem zo snel als ik kon teruggebeld maar hij nam niet op. Allerlei doemscenario's dienen zich nu aan. Als ik bij de flat arriveer zie ik vijf politieauto's op de stoep. Overal staan en lopen agenten. Ik spring van mijn zadel en ren half struikelend met de fiets aan mijn hand in de richting van het trappenhuis. De agent die voor de deur staat maakt zich nog breder dan hij al was terwijl hij me met een strenge, vastberaden blik aankijkt.

'Euhh, ik woon hier. Wat is er aan de hand?' Mijn stem klinkt schril, mijn hart gaat zo tekeer dat de agent het volgens mij moet kunnen horen.

'Op welke verdieping en welk nummer woont u, mevrouw?'

Terwijl ik hem antwoord geef wijs ik omhoog, naar mijn balkon.

'Ik mag helaas nog niet veel informatie geven maar er zijn problemen in de woning recht boven u. Heeft u contact met uw bovenburen?'

Ik schud mijn hoofd en slik nog net in dat ik alleen maar last van hen heb.

'Mag ik nu naar boven? Mijn zoon is alleen thuis.'

De agent doet een stap opzij. Ik zet snel mijn fiets op de standaard, gris mijn tas uit de fietstas en ren de trap op. Eenmaal binnen aangekomen tref ik een leeg huis aan, zonder Sven. Zijn computer staat aan, de screensaver laat een sloom voortkruipend figuurtje zien dat zich nergens druk om lijkt te maken. Ik roep zijn naam en open alle deuren, kijk op het balkon, maar Sven is er niet.

'Willem.' Ik zeg het half hardop en ren weer naar buiten richting de voordeur van mijn buurman. Hij moet mijn hakken hebben gehoord op de galerij, want de deur zwaait al open voordat ik de kans heb gekregen om aan te bellen.

'Kom maar gauw binnen, wijffie, je knulletje zit hier.' Willem doet een stap achteruit zodat ik me net tussen de muur van de smalle gang en zijn enorme buik door kan wurmen. Terwijl ik doorloop naar de woonkamer registreren mijn zintuigen ergens in een ver hoekje van mijn brein de bedompte rooklucht vermengd met oud frituurvet en een te lang niet geleegde vuilnisbak. Op de versleten kunstleren bank zit mijn vijftienjarige zoon. Ik zie hoe hij haastig een blikje bier neerzet op de met gemorste shag en gescheurde vloeitjes bezaaide tafel.

'Waarom nam je niet op? Je hebt me zeven keer gebeld. Weet je wel hoe ongerust ik om je was?' Ik plof naast hem neer en sla een arm om hem heen terwijl ik mijn hoofd even tegen het zijne duw.

'Wil je een biertje?' Willem wacht mijn antwoord niet af en reikt me een blikje bier van een of ander huismerk aan. Even voel ik de opwelling om hem erop aan te spreken dat hij Sven bier heeft gegeven, maar ik hou mijn mond. 'Wat is er nou eigenlijk aan de hand? Ik mocht eerst niet eens naar boven.'

'Tja, d'r lag een dooie boven, bij die junks. Een van die twee kerels. Hij was al een poosje dood maar de anderen hadden het niet door, geloof ik. Apestoned natuurlijk. Die vrouw ook. Dat kind van haar heeft er de hele dag nog zitten spelen. Ze hebben hem net meegenomen, twee smerissen met nog iemand samen, een mevrouw in een deftige jas en op van die hakken. Die komt voorlopig niet meer terug bij z'n moeder, gok ik.' Willem pakt zijn shag en rolt boven tafel een sigaret die hij vervolgens vol overgave inhalerend aansteekt, waarna een enorme hoestbui volgt. Ik kijk naar het bleke koppie van Sven en richt me weer tot Willem: 'Maar hoe is de politie er dan achter gekomen dat er iemand dood was?'

'Die vrouw kreeg denk ik toch door dat er iets niet klopte, want ze heeft er een buurman bijgehaald. Je weet wel, die kale die naast hen woont. Die heeft de politie gebeld. Ja en toen kwamen ze bij iedereen aanbellen om vragen te stellen en kreeg dat jochie van je de zenuwen. Dus daarom zit-ie nou hier.' Willem werpt een vaderlijke blik in de richting van Sven, die aandachtig het blikje in zijn hand bestudeert.

'Wat een toestand. Ga je mee? We gaan maar eens eten.' Ik kijk Sven aan terwijl ik opsta van de bank. Sven zet zijn lege blikje op tafel en komt overeind. Ik bedank Willem omdat hij zich over mijn zoon ontfermd heeft.

'Geen probleem, buuffie, dat weet je toch.' Hij lacht zijn bulderende lach terwijl Sven en ik de voordeur uit stappen. Een stukje verderop zie ik mijn Turkse buurvrouw staan, de ene helft van de tweeling op haar arm, de andere jengelend aan haar been. Ze loopt in mijn richting en vraagt me wat er is gebeurd, ze heeft niets begrepen van wat de politieagent haar heeft verteld. Met grote ogen hoort ze me aan, mompelt iets en vlucht geschrokken haar woning in terwijl ze het kind voor zich uit duwt.

Ik heb gelukkig nog een bak nasi staan, die kan mooi in de magnetron. Van koken komt nu toch niets meer. Waar zijn we in godsnaam beland? Ik wilde vrij zijn, maar in plaats daarvan zit ik nu hier met Sven op tweehoog in een buurt waar ik vroeger niet eens doorheen wilde fietsen, met een hart dat nog pijn doet wanneer ik denk aan het einde van die dwaze, onmogelijke affaire met Dave. We eten zwijgend, ieder in onze eigen gedachten.

18

'Ik weet het niet, hoor. Moet je zien wat een kont ik hierin heb.'

Lisette draait zuchtend rondjes voor de smalle passpiegel in de gang. Ik graai tussen de enorme stapel jeans, rokjes, topjes en panty's die zich inmiddels heeft gevormd op mijn bed.

'Doe deze nog eens aan dan.' Ik geef haar de donkere jeans aan terwijl ze zich uit het rokje wurmt.

'Ja, dit is beter. Dan doe ik dat witte truitje erop.' Ze kijkt goedkeurend naar haar spiegelbeeld. Drie kwartier later zijn we klaar, mooi opgemaakt en allebei een superstrakke jeans aan met een laag uitgesneden shirtje erboven.

'Hoe laat zullen we gaan?' Lisette werpt een blik op de klok boven de schoorsteen. 'Er is nog niemand nu, denk ik. Of we moeten eerst nog ergens anders een drankje doen.'

We hebben om elf uur bij de ingang van Level Two afgesproken met Lucas. Hij is Lisettes vriend sinds een week of vier. Ik heb hem inmiddels een paar keer ontmoet tijdens het uitgaan. Een lange zelfverzekerde vent met rossig haar, een baardje en een rij witte tanden die hij geamuseerd bloot lacht als hij mij ziet. Misschien komt het door mijn gestuntel bij onze eerste kennismaking, pal voor de ingang van De Gouden Koets. Lucas stak zijn hand uit, maar ik struikelde en belandde regelrecht in zijn gespierde armen. Toen ik weer rechtop stond zag ik dat mijn lipstick een afdruk op borsthoogte van zijn zandkleurige jack had gemaakt. Lisette rolde met haar ogen. 'Ga je lekker, Eef?' was het enige dat ze zei.

Vorige week stelde hij voor om dit weekend met z'n drieën naar een housefeest te gaan waarbij hij een aantal namen noemde van dj's van wie ik nog nooit gehoord had. Ik kijk uit het raam en zie een waas van motregen in het schijnsel van de straatlantaarn die voor de flat staat.

'Laten we nog maar even wachten, misschien wordt het straks droog. Ik haat fietsen met een paraplu.' Ik draai me om en pak de sigaret aan die Lisette me aanreikt. Samen blazen we zwijgend grote rookwolken tegen het raam.

Terwijl ik wiebelend op mijn hoge hakken steeds een stukje opschuif richting ingang scan ik de mensen in de rij. Ondanks het koude novemberweer staan sommigen gewoon in een hemdje of T-shirt. Ik zie overal indrukwekkende tattoos op schouders en armen en vraag me ondertussen af waarom er om elf uur 's avonds zoveel mensen met een zonnebril op naar een feest gaan.

Plotseling voel ik een stekende pijn onder de bal van mijn rechtervoet. En dat terwijl de nacht nog moet beginnen. Had ik nou toch maar mijn sneakers aangetrokken. Eenmaal binnen moeten mijn ogen even wennen aan het donker. De zwaar dreunende muziek rolt als een muur van geluid op me af.

'Wat wil je drinken, schat?' Lucas slaat een arm om me heen terwijl hij naar me knipoogt. Ik voel ergens diep vanbinnen een klein alarmsignaaltje afgaan. 'Doe maar water, ik wil een beetje rustig aan beginnen.' Lisette kijkt me aan. 'Water? Doe niet zo gek.' Ze trekt een wenkbrauw op terwijl ze een biertje aanpakt van Lucas.

Met z'n drieën wurmen we ons tussen de dansende menigte door. Het feest is nog maar net begonnen, maar de stemming zit er al goed in. Ik probeer tussen de op en neer springende mensen op de dansvloer een glimp op te vangen van de dj. Het is een tengere jongen met zwart haar en een bril met een stevig donker montuur. Niet het stoere type dat ik had verwacht, maar aan de reacties van het publiek te zien is hij behoorlijk populair en zijn muziek klinkt fantastisch. Ik zie hoe Lucas iets zegt tegen Lisette met zijn hoofd vlak bij haar. Samen kijken ze nu in mijn richting.

Even later pakt Lucas me bij mijn schouder en roept in mijn oor: 'Wil jij vanavond eens helemaal uit je dak? Ik heb iets lekkers voor je.' Terwijl hij het zegt pakt hij mijn arm. Ik voel hoe hij iets kleins en hards in de palm van mijn hand drukt. Mijn hart begint sneller te kloppen, ik durf niet te kijken.

Dan staat Lisette voor me. 'Kom op, we doen het alle drie. Er kan niets gebeuren.'

Snel kijk ik naar het kleine roze driehoekige pilletje in mijn hand. Ik herken het onmiddellijk van de avond waarop Marius er mij een aanbood. Even voel ik twijfel, dan leg ik het zo onopvallend mogelijk op mijn tong. Ik proef een bittere smaak maar slik het meteen door. Een vreemde spanning overvalt me. De euforie omdat ik dit gewoon gedurfd heb, de onzekerheid over wat er komen gaat. Het zit nu in mijn lijf, kan er niet meer uit en niets kan nog stoppen wat er zal gebeuren.

'Willen jullie soms even zitten?' Lucas wijst naar een verhoging in een hoek van de zaal, een soort podium met een trapje ervoor. Achterin op het podium zie ik in het halfdonker een loungebank waar nog een paar zitplaatsen vrij zijn. Lisette en ik ploffen samen op de bank terwijl Lucas verdwijnt tussen de dansende menigte, die in opdracht van de dj nu massaal de armen in de lucht steekt, luid '*Put your hands up for Detroit*' mee roepend.

'Hoelang zou het duren voordat we iets voelen?' Ik drink het laatste slokje water uit mijn flesje.

'Geen idee.' Lisette haalt haar schouders op en laat met gesloten ogen haar hoofd achterover zakken.

Ik probeer me te ontspannen terwijl ik luister naar de muziek. Er lijkt een eeuwigheid voorbij te gaan. Dan ineens gebeurt het. Een soort wave in mijn hoofd. Alsof de muziek plotseling harder en helderder, mooier wordt. Het lijkt alsof ik steeds verder inzoom op het geluid. Het klinkt fantastisch. Het gevoel zwelt aan in mijn hoofd, komt en gaat. Ik pak Lisette bij haar arm, kijk haar aan en zie direct dat het bij haar ook begonnen is.

'Wow, dit is geweldig!' Ik sta op omdat ik nog maar één ding wil, dansen op deze muziek. Wankel loop ik in de richting van het trapje, maar dan staat Lucas plotseling voor me. Hij pakt mijn hand tot ik naast hem sta en helpt vervolgens Lisette van de treden af. 'Blijf staan, ik haal nog wat te drinken voor jullie.'

Langzaam kom ik weer in balans. De pijn onder mijn voet is helemaal verdwenen. Tegen de tijd dat Lucas terug is met de waterflesjes staan Lisette en ik vlak voor de dj compleet uit ons dak te gaan terwijl we aan één stuk door tegen elkaar praten. Ik raak het besef van tijd volledig kwijt. Dit hier is het enige wat er is, iets anders is er nooit geweest. Mensen omhelzen elkaar, geven elkaar complimenten. Ik praat met wildvreemden alsof het mijn beste vrienden zijn. Een knappe man van een jaar of vijfendertig trekt me tegen zich aan en begraaft zijn gezicht in mijn haar, me ondertussen vertellend hoe lief hij me vindt. Als ik me losmaak uit zijn omhelzing en hem aankijk, zie ik dat zijn ogen bijna geheel uit het zwart van zijn pupillen bestaan. De muziek gaat naar een climax, de zaal staat op zijn kop.

Dan ineens zie ik hoe Lisette op haar hurken gaat zitten, haar hoofd in haar handen. Ik probeer me op haar te focussen en kniel naast haar. 'Wat is er? Voel je je niet goed?' Voorzichtig trek ik haar omhoog en volg haar terwijl ze snel in de richting van de toiletten loopt. Het is er druk, maar iedereen maakt onmiddellijk ruimte voor haar. Ze redt het net en ik hoor hoe ze overgeeft in de wc.

Even later komt ze naar buiten. Haar mascara is uitgelopen en ze ziet bleek ondanks de make-up. Ik draai de kraan voor haar open zodat ze haar polsen onder de koude waterstraal kan houden.

'Gaat het weer?' Ik geef haar een stapeltje papieren handdoekjes terwijl ze haar gezicht opfrist. Ze knikt. 'Stom hè.' Ze kijkt me verontschuldigend aan.

'Welnee, ben je mal, kan toch gebeuren? Misschien is het bier niet zo goed gevallen in het begin. Je had denk ik beter water kunnen nemen net als ik.'

Lucas staat voor de deur van de damestoiletten op ons te wachten. 'Het gaat wel weer hoor, even een dipje.' Ze lacht hem liefjes toe. We gaan terug naar de dansvloer, maar ik zie dat ze zich groothoudt. Ik heb me net weer in de deinende massa gestort als Lucas me op mijn schouder tikt. 'Wij gaan. Lisette voelt zich niet goed. Wil je meefietsen?'

Naar huis is nu wel het laatste wat ik wil. Ik schud mijn hoofd en zwaai naar Lisette. 'Beterschap, ik bel je morgen.'

Het is tegen vijven als een van de jongens uit het groepje jongens en meiden dat steeds in mijn buurt danst naar me toe komt. 'Wij gaan nog even een shoarmaatje pakken, ga je mee?'

Mijn hoofd staat nou niet bepaald naar eten, maar alleen achterblijven is ook niet aantrekkelijk. Ik strompel op mijn hakken achter hen aan. Even later zit ik in het vlakbij gelegen Egyptische eettentje met een groep jongelui van wie ik er niet één ooit eerder heb gezien. Met veel moeite krijg ik een halve pita kaas naar binnen. Ik heb het gevoel dat ik op een stuk golfkarton zit te kauwen dat bij elke beweging meer volume krijgt. Er prikt iets aan mijn onderlip. Als ik eraan voel ontdek ik een wondje.

'Komt van het kauwen. Ik zag het al bij je.' Een meisje van begin twintig met lang donker haar en een wit mutsje op kijkt me geruststellend aan. 'Is normaal. Door de MDMA die erin zit.' Ze knikt er bevestigend bij. Ik begrijp niet goed wat ze bedoelt maar vraag niet verder door. Niemand schenkt aandacht aan ons gesprek. Kennelijk vindt iedereen het hier de gewoonste zaak van de wereld dat ik in mijn eentje om zes uur 's morgens met lamme kaken van het nutteloze kauwen en een paar pupillen zo groot als punaises in een shoarmatent zit.

19

'Sven, wakker worden. Je moet zo naar school.' Ik schud zachtjes aan de knokige schouder, die bijna door het synthetische dekbed heen lijkt te steken. Een kribbige schokbeweging is het antwoord. Met de hand die op het kussen ligt trekt hij onwillig het beddengoed over zijn hoofd. Ik besluit hem nog heel even te laten liggen en haast me verder met mijn aankleedritueel. Ik onderneem poging twee. 'Sven, kom op nou. Je komt te laat als je nu niet opstaat.'

'Nog heel even, mam, ik ga er zo uit. Het eerste uur is toch uitgevallen.'

Ik onderdruk de neiging om zijn gordijnen open te trekken en zijn raam wijd open te gooien. Wat een muffe lucht in het kleine hokje. Snel raap ik mijn spullen bij elkaar om te gaan. Het wordt een spannende dag, er komt iemand van de opleiding om me te filmen tijdens mijn les. Daarna volgt de beoordeling. Ik sta er op zich goed voor, maar merk dat het me allemaal steeds meer moeite kost. De stress en de vermoeidheid krijgen soms de overhand. Nog een halfjaar doorbijten, dan studeer ik hopelijk af en kan ik aan de slag als juf. Ik fiets stevig door richting stageschool, maar de frisse ochtendwind door mijn haar kan het onbestemde gevoel over Sven niet wegnemen. 'Stoppen nu met piekeren, focus op mijn les', zeg ik zachtjes in mezelf terwijl ik mijn fiets in het fietsenhok zet. Ik ben ruim op tijd en begin alvast met voorbereiden.

De klas stroomt vol met kinderen, glurend en wijzend naar de streng kijkende grijze meneer die het werkplekassessment komt afnemen en zich intussen met zijn videocamera heeft geïnstalleerd achter in het lokaal. Ik voel hoe mijn maag zich als een bal samenknijpt terwijl ik begin. Waarom ben ik toch altijd zo nerveus voor dit soort dingen? Zelfs mijn stem klinkt anders dan normaal, alsof een onzichtbare hand mijn luchtpijp aan weerszijden dichtknijpt. Na drie kwartier stopt de man eindelijk met filmen.

'Ik ga het materiaal bekijken, over een uur zie ik je beneden om na te bespreken.' Met een afstandelijk knikje en zonder de klas nog een blik waardig te gunnen verlaat hij het lokaal. Eerst wat water, mijn keel voelt aan als een droge zeemleren lap. Als ik het flesje uit mijn tas wil pakken zie ik hoe het scherm van mijn telefoon oplicht. Met mijn hand in mijn tas ontgrendel ik hem snel en zie dan dat ik vier oproepen heb gemist van Sven. O nee, niet nu! Ik wist het. Dat bleke koppie van hem vanmorgen betekende niet veel goeds. Mijn mentor, die niet bij het assessment mocht zijn, is intussen weer terug in de klas. Ik zie een lichte irritatie in haar ogen als ik haar vraag of ik even op de gang kan bellen. Het duurt een eeuwigheid voordat hij opneemt.

'Sven, wat is er? Waarom heb je me gebeld?' Ik probeer zacht te praten in de stille schoolgang maar kan mijn ongerustheid nauwelijks verbergen.

'Mam, kun je thuiskomen? Ik heb migraine, denk ik.' Zijn stem klinkt zo zielig dat ik tranen voel opwellen.

'Ik heb al een paar ibuprofen genomen, maar het helpt niet. Ik moet steeds spugen. Sorry mam, ook op de grond.'

Ik voel totale paniek opkomen. Elk moment kan ik het kantoortje binnengeroepen worden door de grijze duif die me gaat beoordelen terwijl thuis mijn kind doodziek in bed ligt.

'Sven, luister, ik kan niet weg nu. Ik probeer zo snel mogelijk iets te regelen. Ik bel je zo terug.'

Koortsachtig denk ik na en toets dan het nummer in van Leonie. Ik weet dat ze altijd zal proberen om me te helpen en ook dat ze een enorm zwak heeft voor Sven. Ze werkt in wisseldienst, misschien is ze vrij vandaag.

'Hoi, jij hebt toch stage vandaag?' Haar stem klinkt verbaasd. Snel leg ik haar uit wat er aan de hand is. Mijn lieve zus, die aan een half woord genoeg heeft.

'Ik ben al onderweg.' Weg is ze. Even proberen los te laten nu.

De beoordeling valt redelijk goed uit. Wat aandachtspuntjes. Ja ja, schiet nou maar op, denk ik alleen maar.

Na afloop van het gesprek bel ik de school van Sven om hem ziek te melden. De mevrouw van de administratie klinkt niet al te vriendelijk.

'Dat is dan de eerste keer dat u belt om hem ziek te melden.'

'Wat bedoelt u?'

'Uw zoon is de afgelopen drie maanden veertien keer afwezig geweest zie ik hier, zonder dat erover gebeld is.'

Ik laat me op het houten kinderkrukje zakken dat bij een speeltafel voor een van de kleuterlokalen staat. 'Wacht even, dus u vertelt me nu dat mijn zoon veertien keer niet op school is geweest en dat niemand op school op het idee is gekomen om mij daarover te bellen?'

'Mevrouw, uw zoon is zestien. Hij is zelf verantwoordelijk voor het volgen van de lessen.' De stem van de dame aan de andere kant klinkt ijzig kalm, maar ik zit bijna op het kookpunt.

'Ik wil een gesprek met zijn mentor. Zo snel mogelijk.'

Met een geforceerde glimlach weet ik de dag verder door te komen. Ik veins een zware hoofdpijn zodat ik tegelijk met de kinderen de klas kan verlaten om naar huis te gaan. Thuis aangekomen tref ik Sven aan achter zijn computer. Hij vertelt dat tante Leonie bij hem is geweest met fruit en yoghurt. Ze heeft opgeruimd en gewacht tot hij zich wat beter voelde. Het gaat nu wel weer. Ik bel Leonie om haar te bedanken en loop vervolgens naar de keuken om thee voor Sven en mezelf in te schenken. Terwijl ik de bekers op de grenen salontafel in de woonkamer zet zoek ik naar een manier om het gesprek te openen.

'Kom even bij me zitten, ik heb thee gezet.' Ik probeer het zo nonchalant mogelijk te laten klinken.

Na een paar keer roepen ploft Sven in een gekreukeld T-shirt en een vale joggingbroek zuchtend naast me neer op de bank.

'Straks eerst maar eens lekker douchen, daar knap je wel verder van op. Er is wel iets dat ik met je wil bespreken. Ik heb je school vanmorgen gebeld.' Ik laat even een stilte vallen. 'Klopt het dat je de afgelopen tijd regelmatig niet op school bent geweest?'

'Hè mam, moet dat nu?' Hij draait geïrriteerd zijn hoofd van me af.

'Ja, dat moet nu.' Ik probeer vastberaden te klinken, maar zie dan ineens een traan op zijn lichtgrijze joggingbroek vallen.

'Sven, wat is er aan de hand?' Ik schuif geschrokken naar hem toe en sla mijn arm om zijn smalle schouders. Snikkend legt hij zijn hoofd tegen me aan. Ik laat hem even gaan en vraag dan nog een keer wat er is.

'Het is een vriend van me. Hij wil een eind aan zijn leven maken. Ik praat steeds op hem in, maar het helpt niet. Ik ben bang dat hij het gaat doen.' Met horten en stoten doet Sven zijn verhaal, zijn gezicht nat van snot en tranen.

'Om wie gaat het dan? Kan ik helpen? Wil je dat ik meega naar hem toe? Of met zijn ouders praten?' Terwijl ik het vraag probeer ik ondertussen het rijtje namen in mijn hoofd langs te gaan van de jongens die ik ken. 'Nee mam, je kent hem niet. Hij woont in Edinburgh.'

Ik begrijp er helemaal niets van. Een vriend in Schotland, die ik niet ken en die zelfmoord wil plegen.

'Snap je het dan niet? Hij speelt ook Warcraft online.'

'Hoe heet hij dan? Hoe oud is hij?'

'Hij heet Kevin en is negentwintig. Ik praat al een tijdje met hem. Hij ziet het niet meer zitten. Ik ben bang dat hij het echt gaat doen.'

Ineens wordt het me allemaal duidelijk. Het licht dat 's nachts brandt op Sven zijn kamer. Het gepraat dat ik soms denk te horen. Zijn bleke gezicht, het magere lijf. Wat ben ik voor een moeder! Dat ik niet heb doorgehad hoe mijn kind eraan toe is. Te druk met mijn studie, mijn werk, mijn vriendinnen. Met mezelf. En dan zo'n lul van bijna dertig die mijn zoon lastigvalt met problemen die totaal niet horen bij een jongen van zijn leeftijd.

'Het is klaar met gamen. En het gaat nu in.' Ik woel even met mijn handen door zijn haar.

De gesprekken op de school van Sven verlopen moeizaam. Ondanks de goede bedoelingen van zijn mentor wordt het me al snel duidelijk dat dit een prestigieus instituut is waar slechts plek is voor veelbelovende jonge mensen en waar men drop-outs als Sven liever ziet gaan dan komen. Ik voel intuïtief dat het oordeel over Sven en over mij als ontaarde moeder al geveld is en dat men er weinig voor voelt om nog veel energie in dit geval te steken. De hulp en steun die we zo hard nodig hebben wordt niet geboden en door de schok die het gesprek bij me teweegbrengt komt het ook niet in me op om ernaar te vragen. In plaats daarvan wordt ons, met instemming van de leerplichtambtenaar, voorgesteld om voor Sven te gaan uitkijken naar een opleiding die beter bij hem past. Een beroepsopleiding, dat lijkt de leerplichtambtenaar het beste. De enige voorwaarde die gesteld wordt is dat hij de komende weken een tijdelijk baantje zoekt tot hij weer ergens naar school gaat.

Als we buiten staan zie ik de opluchting op het gezicht van Sven. Ik stel voor direct maar langs de supermarkt vlak bij huis te rijden om te vragen of ze werk voor hem hebben. Hij heeft geluk, de bedrijfsleider heeft tijd en vraagt hem mee voor een gesprek in het kantoortje. We spreken af dat ik in de winkel op hem wacht. In gedachten verzonken gaan mijn ogen langs de enorme rij tijdschriften in het gangpad vlak bij de kassa. Ineens blijft mijn blik hangen bij een zin op de cover van een tijdschrift over psychologie. *Never underestimate how wrong you can be.* Intuïtief weet ik dat het geen toeval is. Ik schud het opkomende onbehaaglijke gevoel van me af. Een halfuur later is Sven aangenomen als vakkenvuller. Even adempauze en dan rustig op zoek naar een geschikte opleiding.

De eerste week gaat alles goed, enthousiaste verhalen over het werk en de collega's. In week twee komen de eerste rugklachten door het zware tillen en in de derde week zit Sven ziek thuis. Terwijl ik doorworstel met studie, stage en werk begint thuis alles weer van voren af aan, met dat verschil dat Sven nu veel gehaaider is geworden in het verborgen houden van de dingen waar hij mee bezig is. En weer heb ik het niet door.

20

'Je snapt het echt niet, hè.' Thijs kijkt me afwachtend aan. Hij is het type zwager dat niet snel zijn mond opendoet. Dat hij speciaal naar me toe is gekomen om te praten wil wel wat zeggen. We hebben het altijd goed met elkaar kunnen vinden, maar nu zie ik een mengeling van boosheid en afkeuring in zijn blik.

'Jij hebt het maar druk met alles, met je studie, je nieuwe vriendinnen en met feesten, terwijl Leonie zich doodongerust maakt omdat ze weet dat je midden in de nacht alleen op de fiets over straat gaat. En omdat zij zo'n beetje in haar eentje opdraait voor de zorg voor jullie ouders, die zich trouwens ook behoorlijk zorgen over je maken. Vooral je vader heeft moeite met je nieuwe leven. En dan weten ze denk ik nog niet een kwart van wat je allemaal uitspookt.' Thijs laat even een stilte vallen en gaat dan verder. 'Leonie was zo blij voor je dat je toch nog de Pabo ging doen, maar inmiddels heeft ze er volgens mij flink spijt van dat zij je op dat idee heeft gebracht.'

In een flits zie ik het weer voor me, twee jaar geleden. Mijn zus bij me voor de deur, wapperend met een brief.

'Ze zoeken mensen voor de opleiding!'

Ze pakt mijn arm vast. 'Dit is je kans, Eef, als je het nu niet doet komt het er niet meer van.'

Ik neem de brief van haar aan en maak hem open. Hij komt van de school waar haar kinderen op zitten, de oude basisschool van Sven. Het is een oproep aan de ouders om de opleiding te gaan doen tot leraar primair onderwijs. Ouders die menen aan de opleidingseisen te voldoen worden uitgenodigd om te reageren. Ik schud mijn hoofd en vouw snel de brief dicht om hem terug te geven.

'Wanneer kies je nou eindelijk eens voor jezelf?' Indringend blijft ze me aankijken.

'Het kan niet, dat weet je toch ook wel? Henri vindt dat helemaal niks. En Sven, hij is nu op een leeftijd...'

'Hé, hou op.' Ik voelde haar hand op mijn arm. 'Ga gewoon praten, bel morgen voor een afspraak. Doe het, Eef. Voor jezelf.'

Het intakegesprek een paar dagen later staat nog altijd in mijn geheugen gegrift. De vaderlijke grijze man in het donkerbruine kostuum met beige streepjesoverhemd tegenover me informeert me uitgebreid over alle ins en outs van de lerarenopleiding. Vervolgens legt hij beide handen op de rand van het bureau, ondertussen achteroverleunend in zijn comfortabele leren bureaustoel.

'Je realiseert je wel dat deze beslissing je leven behoorlijk gaat veranderen? Dat het heel wat zal vragen van je man, van je zoon? Dat je minder tijd zal hebben voor de verplichtingen die je hebt? We hebben het hier over een vierjarige hbo-opleiding. Behalve het volgen van de colleges loop je stage en gaan er elke week heel wat uren zitten in studie en ander huiswerk. Kan je gezin dat aan?'

Ik knik snel en terwijl ik mijn alarmerend bonkende hart probeer te negeren vult de man tegenover me typend met één vinger het inschrijfformulier in op de computer voor hem.

Direct na het gesprek rijd ik door naar Leonie. Ongeduldig bel ik aan en vlieg haar om haar nek zodra ze opendoet.

'Ik ben aangenomen! Ik ga het doen!'

Stralend kijkt ze me aan. 'Goed zo, zus, ik ben trots op je.'

Samen bespreken we wat er allemaal gaat veranderen. Ze biedt aan om Sven op te vangen als dat nodig is. Boodschappen kan ze af en toe ook wel voor me doen. Ik moet het maar aangeven.

'Ik ga dan ook wel mee als papa voor de onderzoeken naar het AMC moet. Dat kan mama niet allemaal alleen.'

Het duurt even voor het tot me doordringt. Helemaal vergeten! Ik heb het gewoon zo druk met mezelf, met alles wat er plotseling gebeurt, dat ik totaal niet meer heb gedacht aan mijn vader.

'Geeft niet', zegt ze. 'Ik regel het wel.'

Ik voel hoe een onaangenaam schaamrood mijn wangen in brand zet.

Thijs praat verder. 'Je bent zo veranderd sinds je die opleiding doet en helemáál na je scheiding. Als je een keer komt eten horen we constant je telefoon gaan en zien we je onrustig schuiven omdat je eigenlijk wil kijken wie je een appje stuurt. Leonie kent je soms niet meer, we weten amper nog iets van je. Het lijkt wel of die vriendinnen van je belangrijker zijn dan je familie. Jullie waren altijd zo close. Besef je wel wat dit met haar doet?'

Er valt even een stilte, maar voor ik kan antwoorden gaat hij op indringende toon door.

'Jouw scheiding heeft er bij ons ook behoorlijk ingehakt. Behalve dat we nu ineens een zwager kwijt zijn, lijkt het erop dat we jou ook nog verliezen.' Hij staat op en pakt zijn jas. 'Denk er maar eens over na', zegt hij terwijl hij de voordeur opentrekt.

21

'Jansen, hoe staat het leven?' Een fles wijn met gestrekte arm recht voor zich uit houdend stapt Miles over de drempel. Na mijn scheiding heeft hij er een gewoonte van gemaakt mij bij mijn achternaam te noemen. Ik heb geen idee waarom, maar op de een of andere manier voelt het als een compliment, alsof hij hiermee wil benadrukken dat de nieuwe Eva hem wel bevalt.

Wanneer je leven compleet op zijn kop staat en niets meer is wat het was ontdek je pas wie je echte vrienden zijn. Sommigen haken af, ondertussen allerlei doorzichtige smoezen bedenkend, of proberen onmerkbaar uit je leven te verdwijnen. Weer anderen veroordelen wat je doet en steken dat niet onder stoelen of banken, of hebben even tijd nodig om aan de nieuwe situatie te wennen.

En er zijn vrienden die blijven. Miles is zo'n vriend. Hij heeft me geholpen met mijn verhuizing. Sinds de scheiding komt hij regelmatig langs om te kijken hoe het met Sven en mij gaat. Geduldig hoort hij mijn verhalen aan. Zonder oordeel. Ik merk dat hij stilletjes geniet van mijn transformatie. Soms geeft hij advies, waarbij zijn enorme relativeringsvermogen goed van pas komt. Dan praten we tot in de kleine uurtjes, ondertussen de fles Rioja leegdrinkend die hij meestal meebrengt.

'Beetje druk, maar verder gaat het wel.' Ik ga hem voor in de smalle gang. Dat is ook de enige optie, elkaar passeren kun je met geen mogelijkheid vanwege het beukenkleurige plastic schoenenkastje dat een derde van de gangbreedte in beslag neemt.

'Eerst maar koffie?' Ik wacht zijn antwoord niet af en verdwijn in de keuken om het Senseo-apparaat aan te zetten.

'Hé Miles!' Sven komt zijn kamer uit, op het gepraat af en ploft naast hem neer op de bank.

'Sven, kerel, hoe gaat het?'

Terwijl ik met de twee bekers koffie de kamer binnenkom kijkt Sven me heel kort aan met een wat schichtige blik en begint dan te vertellen over de gebeurtenissen van de afgelopen weken. Miles hoort hem aandachtig aan en zegt dan droog: 'Dus jij bent nu fulltime klaploper.'

Ik weet dat Sven dit van niemand anders zou hebben geaccepteerd. Ik zelf trouwens ook niet. Maar Miles komt hier gewoon mee weg. De waarheid benoemen en nog een beetje aandikken. Waarschijnlijk omdat hij steeds laat merken met ons begaan te zijn en vervolgens meedenkt over mogelijke oplossingen, hoewel we daar vanavond niet aan toe zullen komen.

'Mam, de jongens zijn zo hier. Niet erg toch?' Weer die blik. Hij weet dondersgoed dat hij dat eerst had moeten overleggen, maar ook dat ik zijn vrienden niet zal wegsturen. Even later gaat de bel en vult de kamer zich met slungelige puberlijven die stoeiend en joelend bezit nemen van de overgebleven plekken op de twee bankjes. Ik trek een paar eetkamerstoelen in de richting van de zithoek en zet de gaskachel wat lager om te voorkomen dat de crèmekleurige stof van de stoelen aan de achterkant gaat schroeien. Hoewel Miles met zijn grijzende haardos en dito baardje in de ogen van de jongens toch een oude man moet zijn lijkt niemand het gek te vinden dat hij tussen hen in zit. De gesprekken verlopen zoals gewoonlijk met veel geschater en borstklopperij. Ik moet inwendig lachen om de stoere verhalen tot ik plotseling zie hoe Miguel een doorzichtig plastic zakje tevoorschijn haalt waarvan de inhoud nog het meest doet denken aan een bosje uitgedroogde Italiaanse kruiden. Hij legt het op de salontafel en kijkt me vragend aan. Miguel is de oudste van het vriendengroepje en scheelt een paar jaar met Sven. Ik heb een zwak voor hem sinds hij me verteld heeft dat zijn moeder toen hij zestien was is overleden na een slopende ziekte.

'Goed als we een jointje draaien hier?' Zonder op mijn antwoord te wachten legt hij een pakje met grote vloeipapiertjes en een stapeltje kleine langwerpige witte strookjes naast het zakje wiet. Ik kijk met ingehouden adem naar

Miles, maar die vertrekt geen spier. Terwijl Miguel de tabak uit twee opengemaakte filtersigaretten verdeelt over een reuzevloeitje, er vervolgens een pluk wiet over verdeelt en er samen met een tipje vakkundig een flinke joint van draait, trekt Miles de meegebrachte fles rode wijn open en schenkt de glazen, die ik al heb klaargezet, vol tot ver over de helft. Dan loopt hij naar de gang en graait in zijn jaszak. Ik heb hem nog nooit zien roken maar nu opent hij een vreemd uitziend pakje, haalt er een sigaret uit, steekt hem aan en gaat weer zitten met zijn benen over elkaar.

'Wat heb je daar nou?' Sven kijkt verbaasd naar het geelrode pakje met onleesbare opdruk.

'Kreteks.' Miles neemt een grote haal en blaast met een nonchalant gezicht een rookwolk de kamer in. Het bijzondere pakje gaat van hand tot hand terwijl een kruidnagelachtige geur de kamer vult. Hoewel de vreemde Indonesische sigaretten geen spoortje van wat voor drug dan ook bevatten, boezemt de actie toch wel wat ontzag in bij de jongens. Miles is plotseling *one of the guys.* Zodra ik naar de keuken loop om een zak chips te pakken komt hij achter me aan.

'Het is niet de eerste keer dat die jongens hier komen blowen, toch?' Hij kijkt me vragend aan. Ik voel hoe het gloeiend rood zich vanuit mijn hals over mijn gezicht verspreidt.

'Wat had ik dan moeten doen? Hen weigeren? Met als gevolg dat Sven elke week een of twee keer ergens in een park of onder een viaduct apestoned zit te worden zonder dat ik er ook maar een greintje zicht op heb? Ik ben hier ook niet blij mee, maar zo kan ik hem tenminste nog een beetje in de gaten houden.' Ik praat maar door terwijl de tranen over mijn gezicht lopen.

'Volgens mij doe je het goed.' Miles kijkt me aan met een bijna onbewogen blik, zijn linkerhand plukt aan de haren op zijn kin. 'Je doet het in ieder geval zo goed als mogelijk is in deze omstandigheden. Het meeste heb je toch niet meer in de hand nu. Het is nu alleen nog maar een kwestie van meebuigen en bijsturen.'

Dankbaar voor zijn begripvolle maar tegelijkertijd rationele reactie veeg ik mijn tranen weg en neem de schaal met paprikachips mee naar de kamer, waar het groepje inmiddels wazig kijkende en melig lachende jongens, inclusief mijn net zestien geworden zoon, zich gretig stort op de inhoud.

22

'Kan Sven niet een weekendje naar Mylène? Ze is toch ook heel vaak hier? Haar ouders vinden het vast niet raar als je het vraagt.'

Sarah leunt tegen de deurpost van de keuken en kijkt me vragend aan. Ik sluit het deksel van het koffieapparaat, ondertussen driftig nadenkend over een antwoord. Sven alleen thuislaten is geen optie. Dat kan wel een keer als ik in de buurt ben, maar dit is een ander verhaal. Stel dat hij me belt omdat er iets is, dan lukt het me nooit om snel thuis te zijn.

'Oké, ik zal het vragen. En anders houdt het op, dan gaan jullie gewoon samen. Volgende keer beter.' Terwijl ik het zeg voel ik een vlaag van weemoed door me heengaan. O, wat wil ik er graag weer eens even uit na alle zorgen om Sven de afgelopen maanden. Even niet nadenken.

Het voorstel van Marius om ons mee te nemen naar de bekende Club Fiomaro geeft me weer even iets om naar uit te kijken. Ik heb er al zoveel verhalen over gehoord, het lijkt me geweldig om het allemaal een keer met eigen ogen te zien. Uit heel Nederland komen er partygangers naartoe. De line-up zaterdagavond moet fantastisch zijn volgens Marius, en hoewel ik nog nooit van dj Sonny Scorpio heb gehoord geloof ik hem direct. Lisette is ook in voor een feestje. De relatie met Lucas loopt al een paar weken niet zo lekker, op dit moment is het eigenlijk een soort uit, maar zij is iemand die niet bij de pakken neer gaat zitten. Daniël, de collega van Sarah, met wie we sinds het boottochtje naar Newcastle een goed contact hebben, wil ook graag mee. Een leuk clubje zo bij elkaar.

'Ik vind het oké om bij Mylène te gaan slapen, mam, als je me dan wel wegbrengt.' Sven weet de dingen bijna altijd voor elkaar te krijgen door mijn schuldgevoel, dat voortdurend onder de oppervlakte sluimert, net even aan te raken.

'Prima, maar dan wel bijtijds. Direct na het eten.' Ik reken snel voor mezelf uit hoeveel tijd ik dan nog over heb om me om te kleden en op te maken. Als ik een uur later stop voor de deur van het prachtige huis staat Mylène al in de deuropening. Ze komt op haar sokken naar buiten terwijl Sven naar haar toeloopt en zijn tas op de grond laat vallen om haar te omhelzen. Ik zwaai naar hen, roep uit het raampje 'tot maandag' en rijd de straat uit, het beeld van de innige begroeting nog op mijn netvlies. Thuisgekomen spreid ik alle kleding die in aanmerking komt voor vanavond uit op mijn bed. De dresscode schijnt Jeans & White te zijn. Tegen de tijd dat de anderen arriveren loop ik rond in een kort spijkerrokje met strak wit topje en witte laarzen. Tevreden kijk ik nog even in de spiegel. Mijn blonde krullen, smokey eyes en felrode lipstick maken het af.

'Zo, dat ziet er niet verkeerd uit. En daar mag ik dan vanavond mee uit.' Daniël kijkt bewonderend naar Lisette, Sarah en mij en richt zich dan grijnzend tot Marius, die zich op de bank heeft laten vallen. 'Wij boffen maar.'

Marius knikt terwijl hij zijn lippen aflikt met een quasi verlekkerde blik. 'Zeker.' Ik zie hoe hij intussen onderuitgezakt zittend in zijn broekzak graait. Even later legt hij een handje driehoekige roze pilletjes op tafel. 'Hoe zullen we dit eens gaan doen? Ze fouilleren bij de ingang.'

'Kunnen we ze niet gewoon in onze bh stoppen?' Lisette, onze kampioen in oplossingsgericht denken, kijkt hem triomfantelijk aan, maar Marius schudt zijn hoofd. 'Nee, te riskant. Er is maar één plekje waar ze bij vrouwen niet fouilleren.'

De rij voor de ingang bij de club doet me denken aan de dorpsdisco, waar ik vroeger wekelijks met mijn vriendinnetje voor stond te wachten tot we na het betalen van één gulden een stempel op onze hand kregen en naar binnen mochten. Ze was mijn beste vriendin en woonde op dezelfde galerij als ik. Uren brachten we bij elkaar door op onze meidenkamers, luisterend naar onze favoriete lp's die krakend en grijsgedraaid op het gammele pick-upje lagen, giechelend over de leukste jongens uit het dorp. Vijftien waren we, en op zaterdagavond mochten we af en toe samen van negen tot twaalf uur uit om te dansen op de muziek van Nirvana en The Red Hot Chili Peppers. Nou ja, dansen, het was meer een soort houterig bewegen op één plek en vooral zorgen dat je niet opviel. We kenden alle teksten uit ons hoofd, maar zongen ze alleen uitbundig mee in de veiligheid van onze kamertjes thuis. Daar in de disco kwamen we niet verder dan een soort pantomime, bang om voor gek te staan tegenover de jongens die op hun beurt stonden af te wachten tot er een nummer werd gedraaid waarop ze even stevig luchtgitaar konden spelen. Om twaalf uur moesten we buiten staan bij onze fiets. Mijn vader haalde ons steevast op en te laat betekende dat hij naar binnen kwam om ons te zoeken. Iets gênanters kon je je niet voorstellen.

'Ja, kom maar.' De nors kijkende vrouw in donkerblauw mannenpak met het vignet van een securitybedrijf op haar enorme voorgevel gebaart dat ik voor haar moet komen staan. Nou ja, vrouw... meer het type kooivechter, denk ik terwijl mijn hart overuren begint te draaien. Haar handen gaan langs mijn lijf, dalen af langs mijn benen en gaan aan de binnenkant weer omhoog om vervolgens akelig dicht bij het minuscule, in aluminium verpakte verboden pakketje te stoppen. Vervolgens schuift ze haar handen onder mijn topje omhoog, haakt haar vingers onder de beugels van mijn bh en trekt ze met een ruk zo hard naar voren dat ik bijna mijn evenwicht verlies.

‘Oké, laarzen uit.’ Ze snauwt nog net niet en ik verdenk haar ervan dat ze enorm teleurgesteld is geen smokkelwaar te hebben aangetroffen. Even later staan we met z’n vijven in de entree van de club, terwijl een stampende hardtrance beat ons door de klapdeuren tegemoet dreunt.

‘Eerst even naar de wc.’ Lisette wenkt naar Sarah en mij en loopt al in de richting van de trap, het bordje TOILETTEN volgend. Boven volgt de ontlading en zenuwachtig lachend ontdoen we ons alle drie in een toilethokje van het folierolletje met inhoud, dat al die tijd warm opgeborgen heeft gezeten.

‘Nou, lekker dan voor die mannen. Dat stoppen ze straks gewoon in hun mond.’ Lisette trekt er een uitgestreken gezicht bij maar Sarah moet lachen en zegt: ‘Dat vindt Marius alleen maar kicken.’

Even later staan we met elkaar bij een lange bar in de hoek van de grote zaal. Vanaf deze plek hebben we een geweldig uitzicht op het podium waarop een dj enthousiast staat mee te springen achter zijn draaitafel. Mainstage noemt Marius het. Er schijnt nog een kleinere zaal naast te zijn waar ook iemand muziek draait, maar dan wat rustiger. Zo onopvallend mogelijk proberen we de pilletjes te verdelen en even later heeft iedereen er eentje weggewerkt met een slokje water. Het grote wachten kan beginnen. Met elkaar praten is bijna onmogelijk. We staan maar een beetje mee te deinen op de muziek. Met mijn ogen volg ik de stroom mensen die maar blijft binnenkomen. Plotseling zie ik hoe Daniël met gesloten ogen, zijn hoofd een beetje achterover, begint te dansen terwijl zijn armen in het rond maaien. Op zijn gezicht een bijna gelukzalige glimlach. 'Wow' is het enige dat hij kan uitbrengen. Op hetzelfde moment voel ik de inmiddels bekende golven door mijn hoofd en lichaam gaan en even later staan Daniël, Lisette en ik uit ons dak te gaan op de dansvloer. Alleen Sarah staat nog langs de kant, ik zie haar stilletjes genieten terwijl Marius in de dansende menigte verdwijnt. Hij kent hier zoveel mensen, die zien we voorlopig niet meer terug. Ik heb de indruk dat van de relatie tussen hem en Sarah niet veel meer over is, ook al laat ze niets merken.

Ik verdwijn in de muziek en in het gelukzalige gevoel dat zich verder verspreidt door mijn lichaam. Het besef van tijd verdwijnt, ik dans volledig in mijn eigen wereldje. Dj's wisselen elkaar af, het publiek groeit mee naar de climax, de hoofdact van de avond. Dan valt mijn oog ineens op de wanden om ons heen. Een deel ervan is bedekt met witte schermen, strak gespannen tussen metalen frames. Op de schermen staan teksten in sierlijke zwarte tekens.

Als ik goed kijk zie ik heel duidelijk dat het letters zijn, die nu beurtelings veranderen in paars en neon roze. Ik probeer me te focussen en zie hoe zich woorden vormen. Gebiologeerd begin ik hardop te lezen.

'Smile at people passing by
Hold the ones you care about'

'Wat doe je?' Lisette pakt me bij mijn arm en kijkt me vragend aan.

'Ik lees wat er staat.' Ik wijs naar de schermen en lees

verder, compleet in vervoering door de schoonheid van de tekst.

'Eef, hou op, er staat niks.' Lisette schudt nu aan mijn bovenarm. 'Eva!'

Ik trek mijn arm los en lees verder:

'Kiss the one you love the most
And make the world a wonderful place
Because you know
At the end there will be nothing, nothing but love'

De betekenis van de tekst dringt diep tot me door en vult iedere vezel van mijn lijf met een intens geluksgevoel. Ik kijk haar aan. Haar ogen lachen en kijken me liefdevol aan. Ze pakt mijn gezicht met beide handen vast en drukt een kus op mijn mond. Dan zie ik Daniël. Hij zit op zijn knieën op de grond. De tranen lopen over zijn gezicht.

'Geniaal weer, dit', hikt hij, happend naar adem. Hij komt overeind en legt zijn handen op mijn schouders. 'Jij moet echt gaan schrijven. Songteksten of zo. Onder invloed. Schat, je gaat helemaal binnenlopen, ik weet het zeker.'

Een nadeel van xtc is dat je enorme dorst hebt en het grootste nadeel van al dat water drinken is dat je constant moet plassen. Als ik voor de zoveelste keer van het toilet af kom en gebiologeerd staar naar de zilveren waterstraal die over mijn handen stroomt, voel ik ineens een hand die mijn schouder streelt. Ik kijk op en zie in de spiegel een vrouw achter me staan. Ze is jonger dan ik, is zwaar opgemaakt en heeft een stoere, geblondeerde kuif.

'Wat een geweldige tattoo. Er moet wel wat gebeurd zijn om zoiets op je lichaam te laten zetten.' Ze kijkt me bewonderend aan, drukt een kus op mijn schouder, knipoogt nog even in de spiegel naar me en verdwijnt weer.

23

Het duurt even voordat ik besef dat ik in mijn eigen bed lig. Naast me liggen Daniël en Lisette in een diepe slaap. Ik ga op de rand zitten en probeer me te herinneren hoe we hier beland zijn. Mijn hersenen doen hun uiterste best om weer in model te komen. Water, dat is wat ik nu nodig heb. En koffie. Mijn pijnlijke kaakspieren ondertussen masserend loop ik naar de keuken. Dan hoor ik gestommel en als ik me omdraai zie ik Daniël achter me staan. Zijn pupillen zijn zo groot dat er van het blauw vrijwel niets meer over is.

'Euhh, ik ben hier blijven slapen.' Hij kijkt me aan alsof ik hem zojuist heb betrapt op iets verschrikkelijks.

'Schat, dat weet ik toch. Ik werd net wakker naast je. Wil je thee?

'Maarre... ik wou even zeggen dat er niets gebeurd is. Ik

ben namelijk niet zo iemand. Ook al waren we vannacht allemaal aardig van het padje.' Daniël grijnst even bij de herinnering aan onze clubavond.

'Thee is prima, en dan ga ik straks weer richting huis. Vanmiddag heb ik een verjaardag.' Hij trekt er een veelzeggend gezicht bij.

'Nou lekker dan, jij liever dan ik. Ik denk dat Lisette en ik niet veel verder komen dan bankhangen vandaag.'

Om een uur of vijf 's middags zijn we weer aardig bijgetrokken en begint onze eetlust ook weer op gang te komen.

'Zullen we lekker een sateetje gaan eten straks? Ik weet een leuk eetcafé aan het water. Ik trakteer.' Lisette ziet mogelijkheden nu Sven nog een nachtje weg blijft. Even later zitten we fris gedoucht op de fiets. Het café is van de soort waar de pluchen tafelkleden nog op tafel liggen. Een oude plankenvloer en een bar met koperkleurige biertaps, waar een rijtje luidruchtige jonge mannen bier drinkend tegenaan geleund staat. Vast en zeker stamgasten van dit café, denk ik. Wij kiezen een tafeltje in de hoek met uitzicht op het water en bestellen ieder een portie saté en een cola. Wat suiker kunnen we wel gebruiken na de afgelopen nacht. De mannen aan de bar kijken regelmatig in onze richting en hoewel we niet kunnen verstaan wat ze zeggen spreken hun blikken voor zich. Zodra ze zien dat we ons bord leeg hebben komt één van hen, een blonde knul met een vrolijke lach, in onze richting lopen.

'Meiden, hebben jullie zo meteen zin in een biertje bij ons aan de bar?' Hij trekt er zo'n smekend gezicht bij dat we allebei moeten lachen. Weigeren is al geen optie meer en even later staan er twee glazen met een mooi schuimkraagje voor ons terwijl we druk in gesprek zijn met de gulle gevers. Ze vragen ons de oren van het hoofd over wie we zijn, waar we vandaan komen en hoe het toch komt dat ze ons niet kennen. Zelf zijn ze ook niet bepaald terughoudend met het verstrekken van informatie terwijl de glazen telkens opnieuw gevuld worden. Het wordt steeds gezelliger en ook steeds duidelijker dat Richard, de lange blonde jongen, mij behoorlijk interessant vindt. Af en toe legt hij zijn arm om mijn schouders terwijl hij tegen me praat en trekt me tegen zich aan. We beginnen allemaal een beetje dronken te worden. Ergens binnen in me meldt zich een stemmetje dat zegt: 'Goed moment om te stoppen en naar huis te gaan', maar ik negeer het en stort me roekeloos in het avontuur dat Richard heet. Het is tegen middernacht als hij na een hartstochtelijke zoen zacht in mijn oor fluistert: 'Ga met me mee, ik woon vlakbij.'

'Kan niet, ik ben hier met Lisette. Ik laat haar niet alleen naar huis fietsen.' Ik kijk hem aan maar hij is niet onder de indruk.

'Dan gaat ze toch ook mee?' Hij zegt het alsof het de gewoonste zaak van wereld is, en even later lopen we met z'n drieën over zijn tuinpad. Lisette voelt zich niet zo lekker van al dat bier en zodra we binnen zijn ploft ze languit op de driezitsbank in de stijlvol ingerichte woonkamer.

'Laat me hier maar even liggen, het gaat zo wel weer.' Ze praat met haar ogen dicht en tien seconden later slaapt ze.

Richard legt een plaid over haar heen, pakt mijn hand en neemt me mee in de richting van de trap. De bovenverdieping van zijn huis is al even indrukwekkend als de begane grond. Ik kijk mijn ogen uit in de enorme slaapkamer met openslaande tuindeuren die op een balkon uitkomen met uitzicht over het water. Richard laat zich achterover ploffen op het kingsize bed. Uitdagend naar me lachend vouwt hij zijn handen achter zijn hoofd. Overmoedig door de alcohol komt de ware verleidster in me naar boven. Ik begin me langzaam uit te kleden tot ik alleen mijn stringetje en bh nog aan heb. Dan kruip ik over het bed naar hem toe, ga boven op hem zitten en begin zijn broek los te knopen terwijl ik hem strak blijf aankijken. Ik zie de opwinding in zijn ogen. Meer aanmoediging heeft hij niet nodig en even later zijn we allebei naakt en liggen verstrengeld op het bed. We zijn druk bezig elkaar te zoenen, ondertussen met onze handen elkaars lichaam verkennend, als ik plotseling een geluid hoor.

'Ik wil ook meedoen.' Lisette staat in haar blootje in de deuropening en kijkt ons met een pruillipje aan. Ik schiet in de lach en strek mijn hand naar haar uit. Ze kruipt nu over het bed tot ze zich aan de andere kant van Richard bevindt. Dan richt ze zich op, buigt zich over hem heen naar mij toe en begint me te zoenen.

'O, jemig.' Het is zo ongeveer het enige dat Richard kan uitbrengen. Als Lisette me loslaat kijk ik hem aan en zie een mengeling van ongeloof en de gelukzalige blik als van een klein jongetje in een speelgoedwinkel in zijn ogen. In het uur dat volgt geven Lisette en ik afwisselend aandacht aan hem en aan elkaar, een spelletje dat ons verrassend goed afgaat. Ik kan niet goed ontdekken wat hij nou het meest spannend vindt, maar één ding weet ik wel: Richard ga ik terugzien.

24

'Sven vertelde laatst dat jullie geen geld meer hadden voor eten en drie avonden restjes hebben gegeten uit de vriezer.' Leonie kijkt me aan. Ik zie bezorgdheid in haar ogen.

'Ach, dat heeft iedereen toch weleens, dat je aan het eind van je salaris nog een stukje maand over hebt?' Ik probeer het af te doen met een grapje, maar ze trapt er niet in, ze kent me te goed.

'O ja, ik heb deze voor je meegenomen.' Ik leg de envelop zo nonchalant mogelijk op de witgelakte salontafel. 'Lees hem straks maar als ik weg ben.'

'Wat is dat dan?' Leonie kijkt me onderzoekend aan.

Na het bezoek van Thijs heb ik een paar keer pogingen ondernomen om met haar te praten maar voel telkens haar weerstand. Ik merk dat ze zich buitengesloten voelt en doe mijn best haar wat meer inkijk in mijn leven te geven, wat tipjes op te lichten van de sluier die mijn escapades omhult. Het lukt niet. Ze vindt mijn vriendinnen niet leuk en ook al maakt ze zich zorgen om me, eigenlijk wil ze volgens mij niet echt weten waar ik mee bezig ben.

'Lees maar, ik spreek je nog wel.'

Ik voel me verdrietig over de afstand die tussen ons is ontstaan en wil niets liever dan weer terug wat we hadden, een hechte zussenband, aan een half woord genoeg en samen huilen van het lachen. In de brief die ik bij haar achterlaat probeer ik haar dat duidelijk te maken.

's Avonds belt ze me, of ik thuis ben. Ze is er binnen een halfuur en slaat haar armen om me heen zodra ik de deur opendoe. We moeten allebei huilen. Urenlang praten we en ook al zijn niet alle problemen verdwenen, ik voel me opgelucht omdat we weer wat dichter bij elkaar zijn gekomen. De belofte dat ik haar wat meer zal betrekken bij mijn turbulente leven verliest echter aan kracht omdat ik zelf al weet dat ik mijn aandacht moet verdelen, nu Sarah en Lisette ook deel uitmaken van mijn leven. Ik ben degene die zo veranderd is, niet zij, en ik begrijp heel goed dat ze daar moeite mee heeft. Bovendien zijn er zoveel dingen die ik haar niet durf te vertellen.

Het is zaterdagavond en tijd voor wat ontspanning na een drukke week. Het gesprek twee dagen eerder met mijn zus heeft me behoorlijk beziggehouden, ik kan wel wat afleiding gebruiken. Lisette heeft het weer bijgelegd met Lucas en gaat met hem naar een dancefeestje in de buurt. Ze heeft gevraagd of ik mee wil. Het is vlakbij, ik kan er op de fiets heen en Sven mag logeren bij Bas, de zoon van Sarah, die nu bij zijn vader woont. Ik heb er echt zin in en ga 's middags nog bij Sarah langs om onder haar zonnebank een extra kleurtje op te doen. 'Heb je geen zin om mee te gaan?' vraag ik haar. Ze schudt haar hoofd en lacht geheimzinnig. Sarah heeft soms zo haar eigen bezigheden op de zaterdagavond. Met een gloed op mijn wangen die onmogelijk veroorzaakt kan zijn door de winterzon, race ik even later naar huis. Eerst koken, eten met Sven samen, hem naar Bas brengen en dan fijn wat tijd voor mezelf. Ik maak er werk van. Strakke jeans met daarboven een haltertop bezaaid met parelmoerkleurige lovertjes, die de tatoeage op mijn schouder mooi laat uitkomen. Mijn nagels gelakt in dezelfde kleur, feestelijke make-up, een bos blonde krullen en laarzen met hoge hakken. Tevreden kijk ik in de spiegel. Als het licht vanavond niet te fel is kan ik er nog best mee door, al zeg ik het zelf. Even later stuurt Lisette een berichtje dat zij en Lucas beneden staan. Snel stop ik wat geld, mijn lipstick, mijn telefoon en een pakje sigaretten in mijn kleine zilveren tasje, zoek mijn sleutels, doe de deur op slot en ren de trap af.

Het industriële pand waar het feest wordt gehouden, ligt aan het water en is een begrip in de regio. Talloze artiesten hebben hier al opgetreden en voor sommigen heeft het de opstap betekend naar een mooie carrière. Vanavond draaien er een paar bekende dj's van het eerste uur. Lucas heeft veel moeite moeten doen om nog kaarten te bemachtigen. Na een minuut of twintig zijn we binnen.

'Biertje, meiden?' Lucas kijkt ons vragend aan. 'Lekker', antwoord ik. Het loopt al aardig vol en in no time is de ruimte gevuld met dansende mensen en heerlijke opzwepende house. Lisette en ik zijn niet meer te houden en zodra we ons glas hebben leeggedronken storten we ons tussen de dansende menigte. Lucas volgt ons en al snel gaan we compleet los met z'n drieën. Na een halfuurtje loop ik even naar de kant om op adem te komen. Wat een hitte, een beetje frisse lucht zou wel fijn zijn. Ik kijk om me heen in de schemer buiten het bereik van de flitsende lichten. Dan zie ik hem staan. Met zijn ellebogen achter zich leunend op de bar kijkt hij me aan, om zijn mond een geamuseerd lachje. Het is Joe! Hij ziet er anders uit, zijn haar is langer en achterovergekamd. Een paar plukken vallen nonchalant over zijn voorhoofd. Hij is nog knapper dan ik me herinner van de reünie, nu bijna anderhalf jaar geleden. Ik hap even naar adem en loop dan in zijn richting.

'Hoe kom jij nou hier terecht?' Ik doe mijn best om normaal te klinken maar mijn hart bonkt intussen als een bezetene. Hij pakt me bij mijn schouders en geeft me drie zoenen op mijn wangen. O, wat baal ik ervan dat ik net zo wild heb staan dansen, ik zweet natuurlijk als een otter.

'Dat kan ik ook aan jou vragen. Maar hoe is het met je?' Hij kijkt me nieuwsgierig aan.

'Lang verhaal', zeg ik.

'Je ziet er fantastisch uit. Tjonge, er is wel wat gebeurd met jou zo te zien. Studeer je nog steeds of ben je al echt juf?' Hij vraagt nog meer, maar de muziek is te hard, ik versta hem niet goed. 'Kom mee, naar buiten.' Hij pakt me bij mijn arm.

'Even tegen mijn vriendin zeggen.' Ik wurm me tussen de dansende lijven door naar Lisette en tik op haar schouder. 'Ik ben even buiten', roep ik in haar oor.

'Ja, wie is die jongen eigenlijk met wie je praat?'

'Het is Joe, je weet wel, van die reünie.'

'Neeee, serieus? Stel me aan hem voor!' Lisette maakt al aanstalten, maar ik hou haar tegen. 'Dat komt later wel.'

We lopen de hoek om en komen aan de achterkant van het gebouw. Voor ons klotst het water tegen de aanlegsteiger. Joe stopt bij een dubbele stalen deur die waarschijnlijk vroeger open kon voor het laden en lossen van schepen. De muziek dreunt ons tegemoet door het koude metaal.

'Ik heb de tijd, dus ik zou zeggen, vertel.' Hij blijft me aankijken terwijl hij een sigaret aanpakt uit het pakje dat ik voor hem houd. Ik zie hoe hij hem verkeerd om tussen zijn lippen steekt, een aansteker uit zijn broekzak haalt en vervolgens de filter aansteekt.

'Fuck!' Hij gooit de sigaret, waarvan de filter inmiddels vlam heeft gevat, op de grond en trapt hem snel uit. Dan kijkt hij me weer aan en vervolgens krijgen we allebei de slappe lach. De spanning tussen ons neemt een beetje af. Ik begin te vertellen, over mijn studie, over de scheiding, over Sven, over het flatje waar ik nu woon. Hij vertelt over zijn werk, over zijn vriendin, die bij SBS6 werkt en bijna nooit tijd heeft. Dan vraagt hij: 'Hoe ben je hier eigenlijk?'

'Met de fiets, ik woon hier vlakbij.'

'Ik fiets wel, ga jij maar achterop.' Hij wacht mijn antwoord niet af en loopt terug naar de rij fietsen vlak bij de ingang. Ik volg hem, geef hem het fietssleuteltje en wijs mijn fiets aan. Even later zit ik achter op mijn eigen bagagedrager, mijn arm om zijn lijf. Zodra ik de voordeur achter me dichtdoe, duwt hij me tegen de muur en zoent me intens. Tegen de tijd dat we de slaapkamer hebben bereikt vormen onze kleren een spoor door de gang. Hij duwt me achterover op het bed en gaat met zijn handen over mijn borsten, langs mijn buik en steeds verder naar beneden. Dan duwt hij mijn benen uit elkaar. Ik voel hoe zijn tong een geraffineerd spel speelt en grijp hem bij zijn haar. Nog niet. Hij komt overeind en ik duw hem achterover. Met mijn tong ga ik langzaam naar beneden, over zijn borst, zijn buik, tot ik zijn harde mannelijkheid bereik. Ik hoor hem kreunen terwijl ik hem met mijn lippen omsluit. Zachte schokjes verraden zijn toenemende opwinding. Ineens trekt hij zich terug, grijpt me vast en gooit me op mijn buik. Terwijl hij zich achter me bevindt trekt hij me aan mijn heupen naar zich toe. Zonder waarschuwing stoot hij in één keer naar binnen om even later te exploderen in een golf van extase.

Een licht triomfantelijk gevoel overvalt me als we even later tegen elkaar aan liggen uit te hijgen. Dat hij zo onverwacht weer op mijn pad is gekomen, waardoor ik hem toch nog heb kunnen vertellen hoe mijn leven is gelopen na die nacht in Friesland. De cirkel is rond.

'Het is nog mijn verjaardag ook vandaag.' Hij zegt het heel droog en kijkt me even aan. Ik kan alleen maar uitbrengen: 'Leuk cadeautje dan toch? Bizar hè, dit, tussen ons.'

Hij knikt. 'Ik denk dat wij elkaar gewoon heel lief vinden.' Dan staat hij op, raapt zijn spullen bij elkaar, kleedt zich aan, zoent me nog en verdwijnt in de nacht.

25

Leunend op de donkerbruine houten bar kijk ik voorzichtig om me heen. Mijn blik blijft even hangen bij de rij glanzend koperen bierpompen met porseleinen knop, vlak voor mijn neus. Vorige keer was het me ook al opgevallen, De Spatter is echt zo'n café dat een nostalgisch gevoel oproept. Een enorm verschil met de trendy kroegen in het centrum. Zelfs de kale plankenvloer, de roodpluchen tafelkleden op de tafeltjes bij het raam en het zware, met leer afgezette donkerbruin fluwelen gordijn voor de entree ontbreken niet. Het is bijna vier weken geleden dat ik Richard hier ontmoette en laat op de avond met Lisette in zijn slaapkamer belandde. Het toeval wil dat Sarah de barman van De Spatter heeft ontmoet en inmiddels een paar keer met hem heeft afgesproken. Het was haar idee om hier vanavond heen te gaan.

‘Ga gezellig mee. Wie weet kom je Richard daar weer tegen.’ Ze knipoogt terwijl ze me veelbetekenend aankijkt.

Na die nacht heb ik niets meer van hem gehoord. Dat was op zich niet zo gek, want we hadden geen telefoonnummers uitgewisseld. Toch heb ik veel teruggedacht aan die ontmoeting en het bizarre avontuur in zijn slaapkamer dat erop volgde. Verderop aan de bar zitten een paar mannen die ik meen te herkennen van de vorige keer. Ik zie hen af en toe met elkaar praten terwijl ze in mijn richting kijken, maar ik versta niet wat ze zeggen. Sarah staat aan de korte zijde van de bar en is druk in gesprek met haar barman. Haar blik en lichaamstaal verraden dat ze nogal gecharmeerd is van hem. Achter me hoor ik de deur opengaan en terwijl de mannen aan de bar allemaal richting ingang kijken, zwaait het gordijn opzij en komt Richard binnen. Hij loopt recht op de mannen af en begroet hen luidruchtig, zonder in mijn richting te kijken. De barman laat Sarah even alleen om de glazen weer vol te tappen en zet ook een glas voor mijn neus. Hij lijkt te begrijpen dat ik me een beetje ongemakkelijk voel en gebaart naar Sarah dat ze naast me moet komen zitten terwijl hij een stapel vuile glazen begint te spoelen. Aan het twinkeltje in haar ogen zie ik dat ze het naar haar zin heeft.

‘Leuk is-ie, hè! En wat toevallig dat hij nou net hier werkt.’ Met een gelukzalige glimlach kijkt ze in de richting van de goed uitziende barkeeper en babbelt aan één stuk door over wat hij overdag doet, waar hij woont en hoe druk hij het heeft.

'Maar Marius dan?' Ik kijk haar aan, maar ze wuift mijn vraag weg.

'Die heeft het te druk met zijn vriendin op dit moment. Hij weet gewoon niet wat hij wil.'

Terwijl Sarah verder praat dwaalt mijn blik weer in de richting van het groepje mannen. Ineens kijk ik recht in de ogen van Richard. Hij lacht naar me en knipoogt. Het is meer dan ik had verwacht en als ik even later terugkom van het toilet verzamel ik moed en loop naar hem toe om hem te begroeten.

'Hé kanjer!' Hij legt zijn hand in mijn taille en vraagt hoe het met me gaat. Ik probeer mijn verbazing niet te laten merken. Zouden zijn vrienden op de hoogte zijn van wat er tussen ons gebeurd is? Hij bestelt nog een rondje en al pratend proosten we met elkaar. De alcohol begint een beetje naar mijn hoofd te stijgen. Af en toe trekt hij me tegen zich aan en als Sarah komt vertellen dat ze naar huis gaat omdat ze de volgende dag vroeg moet beginnen, fluistert hij in mijn oor: 'Ga jij dan met mij mee?'

Zodra hij zijn voordeur achter ons heeft gesloten trekt hij me tegen zich aan en begint me te zoenen. 'Ik heb je liever alleen hoor.' Terwijl hij het zegt trekt hij mijn shirtje uit en tegen de tijd dat we boven in de slaapkamer belanden hebben we niet veel meer aan.

In de weken die volgen zien Richard en ik elkaar regelmatig. Hij heeft een drukke baan maar probeert toch een paar keer per week naar me toe te komen om te eten en soms ook te blijven slapen. Sven vindt hem geweldig en verruilt op de avonden dat Richard er is zijn kleine donkere slaapkamer graag voor een plekje bij ons op de bank om samen een film te kijken of gezellig te kletsen. Hij vertelt over de nieuwe opleiding die hij is gestart aan het mbo en Richard luistert geduldig naar zijn verhalen. Ik merk dat ik enorm geniet van de huiselijke sfeer en heimelijk een beetje verliefd aan het worden ben. En zo gebeurt precies wat ik eigenlijk hoopte te voorkomen, bang om weer gekwetst te worden en opnieuw in het diepe dal der eenzaamheid te belanden.

's Morgens sta ik om halfzes op om koffie voor hem te zetten en hem uit te zwaaien en mijn hart maakt sprongetjes bij het lezen van de lieve, grappige appjes die hij me overdag af en toe stuurt. En dan, als we na een intense vrijpartij tegen elkaar aan liggen na te genieten, zegt hij het ineens. 'Ik denk dat ik verliefd op je ben.'

Ik voel tranen branden achter mijn ogen. De afgelopen weken waren zo fijn maar maakten me tegelijk ook zo onzeker. Dat hij nu ineens deze uitspraak doet betekent enorm veel voor me en ik merk dat ik stilletjes begin te dromen over een toekomst waar hij deel van uitmaakt. In de weekenden dat Sven thuis is komt hij soms naar me toe. Niet altijd, hij heeft een druk sociaal leven en een hechte band met zijn familie. Zodra Sven naar Mylène of naar een vriend gaat maak ik plannen om bij Richard te kunnen zijn. Meestal betekent dat starten in De Spatter en eindigen bij hem thuis. Wat ik wel jammer vind is dat hij naast bier drinken in zijn stamcafé verder niet van uitgaan houdt. Lisette en ik zijn er dol op, dus af en toe gaan we samen op stap. Meestal komt Lucas ons halverwege de avond opzoeken en feesten we door tot in de kleine uurtjes. Voorheen fietsten we om een uur of vier met elkaar naar huis en splitsten onze wegen vlak bij mijn flat, maar nu komt het regelmatig voor dat ik Richard bel. Ook al slaapt hij al, hij komt maar al te graag naar beneden om me binnen te laten. Dan vrijen we en vallen samen in slaap tot ik halverwege de ochtend wakker word van de geur van sterke koffie, die hij voor me neerzet op het nachtkastje.

Op een ochtend als we samen bij mij thuis op de bank zitten durf ik eindelijk de vraag te stellen die me al een poosje bezighoudt.

'Wat doe jij eigenlijk met kerst?' Ik probeer het nonchalant te laten klinken. Hij kijkt me niet aan, maar ik zie zijn schouders verstrakken en de huid van zijn nek rood kleuren. Na een stilte die eeuwig lijkt te duren kijkt hij me aan.

'Verwacht maar niets van me met de feestdagen. Die breng ik altijd met mijn familie door. O ja, en voor Oud en Nieuw heb ik trouwens al met mijn vrienden afgesproken.'

Zijn antwoord voelt als een dolksteek. Mijn hart bonkt wild terwijl de waarheid langzaam tot me doordringt. Zijn familie en de meeste van zijn vrienden weten dus niet van mijn bestaan en hij is kennelijk niet van plan om daar verandering in te brengen. Alles voelt plotseling anders, als een glazen sneeuwbol die in duizend stukjes op de grond uiteen is gespat, het even daarvoor nog zo lieflijk ogende miniatuurtje treurig liggend in een plasje water. Ik zeg niets, bang om het alleen maar erger te maken. De vluchtige kus in de gang als hij even later met zijn jas aan bij de voordeur staat doet het ergste vermoeden.

De weken erna stort ik me op mijn studie, mijn werk en mijn stage. Bij het tuincentrum waar ik werk is het megadruk nu de kerstbomenverkoop in volle gang is en iedereen nog snel wat lichtjes en ballen komt scoren. Ondertussen heb ik op de administratie mijn handen vol aan de inkoop van planten voor het voorjaar. In mijn stageschool heerst na de Sinterklaasdrukte een bijna serene sfeer in de aanloop naar kerst. Er wordt druk gewerkt aan de versiering van de lokalen en gangen, overal waar je kijkt hangen zelfgeknutselde engeltjes, kerstboompjes en kerstballen van glitterpapier. In de hoek van de klas staat een plastic kerstboom te pronken, door de kinderen bomvol gehangen met kerstballen en slingers die totaal niet bij elkaar passen. Heerlijk, die kinderlogica. Het glimt, dus het is mooi. Vaders en moeders worden 's morgens meegetroond de klas in om het gedrocht te bewonderen. Thuis probeer ik ook iets van het kerstgevoel te creëren door overal waxinelichtjes in mooie groene glaasjes neer te zetten. Ik heb een kerststukje gekocht voor op tafel en een kerstboom die ondanks de bescheiden afmeting zoveel plaats inneemt in de kleine woonkamer dat je nog net niet over de bank heen moet klimmen om ergens te kunnen zitten. Eerlijk gezegd staat mijn hoofd er niet zo naar nadat Richard zo plotseling uit mijn leven is verdwenen, maar ik wil alles doen om Sven een zo normaal mogelijke kerst te bezorgen. Op de vele berichtjes die ik Richard heb gestuurd kwam nog een enkele lauwe reactie. Inmiddels is het volledig stil geworden. Ik probeer mijn pijn en teleurstelling diep weg te stoppen en werk ondertussen hard aan de zoveelste deadline. Voor de kerstvakantie moet ik nog een aantal opdrachten inleveren. Nog zes maanden, dan zit het erop en hoop ik mijn diploma in ontvangst te nemen en aan de slag te gaan als juf.

'Mam, waarom komt Richard hier niet meer?' Sven kijkt me vragend aan terwijl hij met één arm omhoog tegen het deurkozijn van de woonkamerdeur aanleunt.

'Geen idee, lieverd, ik denk dat hij het druk heeft.' Getver, waarom lukt het me toch nooit om Sven om de tuin te leiden. Ik kijk hem aan en zie mijn pijn in zijn ogen weerspiegeld. Terwijl ik uit alle macht probeer mijn tranen weg te slikken komt hij naar me toe en slaat zijn armen om me heen. Zachtjes huil ik met mijn hoofd op zijn magere schouder.

'Wat een lul.' Het klinkt venijnig uit Svens mond. 'Jij verdient echt beter, mam. Als hij dat niet ziet is hij jou niet waard.' Hij pakt mijn bovenarmen vast en houdt me even op afstand terwijl hij me aankijkt. Mijn lieve, al zo grote zoon.

'Even over de kerst', gaat hij verder. 'Papa heeft me uitgenodigd voor tweede kerstdag, maar ik laat je liever niet alleen hier thuis zitten.'

'Natuurlijk moet je gaan. Ik ben er juist blij om dat je dat doet.' Ik heb mezelf inmiddels herpakt en doe mijn best om het zo overtuigend mogelijk te zeggen. 'Eerste kerstdag zijn we gezellig bij tante Leonie en oom Thijs. Opa en oma komen ook. En die tweede dag komt ook wel goed. Misschien kan ik iets met Sarah gaan doen.'

Sven knikt. 'Dat is misschien wel een goed idee. Vraag

je dat dan aan haar? En nog iets, denk je dat tante Leonie het goed vindt dat Mylène ook meekomt eerste kerstdag?'

'Je komt gewoon gezellig bij mij kaasfonduen. Marius komt ook, dus dan kunnen we lekker met z'n drieën zielig zitten zijn en tegen elkaar aanjanken.' Sarah klinkt opgewekt door de telefoon, niets in haar stem verraadt enige aarzeling. Kennelijk heeft ze geen behoefte om alleen te zijn met Marius, ook al staat haar affaire met die leuke barman uit De Spatter al een poosje op een laag pitje. Hetzelfde verhaal als bij Richard en mij. Allerlei smoezen. Te druk, geen tijd. Gewoon een synoniem voor 'uitgekeken zijn op'. Sarah en Marius zijn nu alleen nog goede vrienden zoals ze het zelf noemen. Ook de relatie tussen hem en zijn vriendin, de moeder van zijn dochter, lijkt voorbij te zijn. Dat heeft Sarah me tenminste verteld. Het belooft een soort kerstdiner voor singles te worden.

In de gure decemberkou fiets ik om vier uur 's middags naar Sarah. Aan mijn stuur bungelt een boodschappentas met drie Turkse broden, een bak met gemengde sla en een fles rode wijn. Sven en Mylène zijn kort na het late kerstontbijt vertrokken om de tweede kerstdag door te brengen bij Henri. Ik trap stevig door. Eerste kerstdag bij Leonie en Thijs was fijn geweest, warm en sfeervol. Toen Thijs de voordeur opendeed kwam de geur van stoofpeertjes en gebraden rollade me tegemoet. Mijn ouders waren er al. Daar zaten ze, de hele familie in een kring in de knusse woonkamer, in de hoek een echte kerstboom vol lichtjes, zilver en engelenhaar. Onder de boom een lawine van cadeautjes, kerstliedjes op de achtergrond en om zes uur aan tafel voor een viergangendiner dat niet zou misstaan in een topklasse restaurant. Mijn zus bofte toch maar, zo'n hecht gezin hebben met onvoorwaardelijke liefde voor elkaar. Het zien van Sven die 's middags genietend van de kerstsfeer op de bank zat te babbelen met zijn neefje en nichtje had me blij en verdrietig tegelijk gemaakt.

'Hai schat, kom erin.' Sarah doet een stap achteruit om me binnen te laten in het piepkleine halletje van haar flat. Terwijl ze me omhelst, kijk ik over haar schouder in het grijnzende gezicht van Marius, die onderuitgezakt op de bank zit met een longdrinkglas in zijn hand. Als ik doorloop zet hij het glas neer en komt overeind om me te begroeten. Bij de drie zoenen op mijn wangen dringt de sterke geur van Bacardi mijn neus binnen. 'Zo kanjer, hoe is-ie?' Marius wacht het antwoord niet af en ploft weer neer op de paars fluwelen loungebank. Zonder iets te vragen zet Sarah een glas rode wijn voor me neer.

'Wat dacht je, laat ik eens wat Turks brood meenemen? Mens, dat is genoeg voor de hele galerij.' Ze kijkt me lachend aan en begint op te noemen wat ze allemaal in de kaasfondue wil doen. In elk geval veel knoflook, dat is duidelijk. We hoeven tenslotte geen van drieën met iemand rekening te houden, gezoend gaat er toch niet worden nu we alle drie alleen zijn. Even later staan we in het kleine keukentje het voorbereidende werk te doen. Sarah roert in de aardewerken fonduepan, Marius roostert de pijnboompitjes voor over de sla in een oude koekenpan en ik snijd het brood in kleine blokjes. Na twintig minuten zitten we aan tafel en draaien rondjes in het kaasmengsel met de stukjes brood, stevig vastgepind op de lange fonduepennen met houten handvatten. Al snel komt het gesprek op de moeizame en verbroken relaties.

'Hoe zat het nou met die knul met wie jij meeging?' Marius kijkt me onderzoekend aan, ik probeer zo neutraal mogelijk terug te kijken.

'Ja, ik begrijp er ook niks van. Ik had het gevoel dat hij het echt meende, maar dat was natuurlijk niet zo. Anders haak je niet zo plotseling en zonder uitleg af.'

'Weet je wat het met jou is?' Marius wacht even en denkt na. 'Je maakt het ze veel te makkelijk. Sarah vertelde dat je soms na het stappen nog naar hem toe ging. Wat wil een man nog meer? Hij hoefde er niet eens de deur voor uit. Jij belt aan en kruipt vervolgens bij hem in bed. Nog makkelijker en goedkoper voor hem dan naar de hoeren.'

Au. Die komt binnen. Ik probeer de opkomende blos te verbergen door naar beneden te kijken. De laatste zin blijft zich in mijn brein herhalen. Heel langzaam dringt de harde waarheid tot me door. Dit is dus hoe mannen ernaar kijken. Niks liefde, niks romantiek. Gewoon handig, zo'n easy-to-get grietje dat zichzelf op een presenteerblaadje aanbiedt. Ik onderdruk de mengeling van schaamte en boosheid die zich langzaam nestelt in elke vezel van mijn lichaam. Marius heeft gelijk. Traag verkruimel ik een stukje droog geworden brood en kijk hoe het uiteenvalt op mijn bord.

26

De dag na kerst voelt leeg. Sven is er niet, hij belde gisteravond om te zeggen dat hij meeging naar Mylène. Haar ouders gingen een paar dagen weg en hadden gevraagd of ze samen op de hond wilden passen. Ik kon een glimlach niet onderdrukken bij het horen van zijn woorden. Een paar dagen het huis voor hen samen, wat wil je nog meer? En de hond uitlaten in de bossen, lekker in de frisse lucht. Alles beter dan uren zitten gamen in zijn kleine donkere kamertje hier. Want dat dat nog steeds niet veel minder is geworden is me inmiddels wel duidelijk. Ik zet mijn computer aan en stort me op het zoveelste werkstuk dat mijn portfolio compleet moet maken. Nog vijf maanden, dan moet alles klaar zijn. Een beetje vooruit werken kan geen kwaad de komende week, het wordt nog druk genoeg.

Ik voel mijn maag plotseling rommelen en kijk op de klok. Het werk heeft me zo opgeslokt dat ik de tijd totaal vergeten ben en de lunch heb overgeslagen. Het begint zelfs al donker te worden. Ik loop naar de keuken en trek de koelkast open. Veel ligt er niet in. Wat verlepte sla, een paar gerimpelde tomaten en een pakje kipfilet dat over datum is. In het kleine vriesvak bovenin vind ik gelukkig een bakje bevroren chili con carne. Ik zet het in de magnetron en loop terug naar de kamer. Ineens klinkt het geluid van een binnenkomend berichtje van de eettafel. Ik pak mijn telefoon op en lees het appje. Het is van Dave! Na het einde van onze affaire, inmiddels een aantal maanden geleden, heb ik niets meer van hem gehoord. En nu vraagt hij ineens hoe het met me gaat en of ik het leuk vind als hij vanavond naar me toe komt. Ik voel mijn hartslag sneller gaan terwijl ik de tekst telkens opnieuw lees. Denk na, rustig blijven. Niet direct reageren. Het belletje van de magnetron klinkt uit de keuken. Afwezig pak ik het plastic bakje eruit en kiep de inhoud op een bord. Prikkend in de lauwwarme bruine bonen met tomaten-gehaktsaus denk ik na over de woorden van Marius gisteren. Dave komt natuurlijk niet zomaar langs. Als ik ja zeg verwacht hij waarschijnlijk meer dan alleen een biertje en een beetje praten. Wil ik dat wel? En kan ik dat aan zonder daarna verdere verwachtingen te hebben? De gedachten tollen door mijn hoofd en maken me gek. Ik schuif de overgebleven helft van de chili van het bord af in de vuilnisbak en stap het balkon op. Even frisse lucht, diep ademhalen en mezelf toespreken. Dan neem ik een beslissing. Ik beantwoord zijn berichtje met een *ja*, kleed me uit en stap onder de douche.

In mijn strakke groene truitje en korte donkerbruine rokje met daaronder een paar stoere bruine laarzen sta ik voor de spiegel en zucht. Het staat niet slecht al zeg ik het zelf, maar ik kan net zo goed een plakkertje op mijn voorhoofd doen met 'neem mij'. Resoluut trek ik alles weer uit. Twee uur later doe ik op mijn sokken de deur open in een versleten jeans met daarboven een vaal zwart T-shirtje met het merk in zilverkleurige sierletters op de voorkant. Zodra we elkaar aankijken voel ik mijn benen week worden. Pfff, die ogen. Dave stapt naar binnen en begroet me met drie zoenen. Dan loopt hij door naar de kamer, waar hij vervolgens rondkijkt met een goedkeurende blik. 'Leuk! Gezellig heb je het.' De lampjes in de kleine kerstboom verlichten de zithoek in de kamer, op de schoorsteen branden kaarsjes. De lamp boven de eettafel verspreidt een geeloranje gloed. Verder is het donker. Hij laat zich op de bank zakken en legt zijn mobiel en sigaretten voor zich op de salontafel. Zijn lichaamstaal verraadt dat hij zich niet erg op zijn gemak voelt.

'Wat wil je drinken?' vraag ik.

'Doe maar een biertje. Rook je binnen trouwens?' Hij kijkt me aan. Ik knik en loop naar de keuken om een blikje bier voor hem te halen. Voor mezelf schenk ik een glas rode wijn in. Ik ga naast hem zitten, steek een sigaret op en geef hem er ook een. Even zitten we zwijgend naast elkaar, dan slaat hij zijn arm om mijn schouders. Ik ruik de aangename, frisse geur die ik nog zo goed van hem ken, vermengd met de stoere leergeur van zijn bomberjack. 'Je ziet er goed uit, Eef.' Zijn woorden veroorzaken onmiddellijk een chemische reactie die zich omzet in een rode kleur op mijn wangen.

'Vertel eens, hoe gaat het met je studie?' Hij luistert aandachtig naar me. Ik ratel maar door, over mijn stage, over de buren in de flat, over mijn vriendinnen. Het verhaal over Richard laat ik weg, dat lijkt me beter. Als ik terugkom met het tweede drankje en weer naast hem ga zitten trekt hij me naar zich toe en zoent me. Eerst aarzelend, een beetje voorzichtig, maar zodra hij merkt dat ik zijn zoen beantwoord voel ik zijn greep steviger worden. 'Ik heb zo vaak aan je gedacht.' Hij fluistert zacht in mijn oor. Ik probeer kalm te blijven maar binnen in me raast een orkaan. Wat moet ik doen? Ik wil mezelf niet meer verliezen in een affaire die tot niets leidt. Nu stoppen is geen optie. Dan weet ik zeker dat hij weggaat en ik me de rest van de avond en nacht diep triest en ongelukkig voel. Dat gevoel wil ik niet, ik kan het nog niet aan. Als ik doorga, weet ik wat er gaat gebeuren. Dat we in no time in de slaapkamer belanden samen. En dat hij daarna waarschijnlijk weer uit mijn leven verdwijnt.

Hij begraaft zijn gezicht in mijn hals en kust me vol hartstocht. Ik voel mijn hart vloeibaar worden terwijl hij me overeind trekt. Een paar tellen later liggen we naakt en verstrengeld op het bed in de kleine koude slaapkamer. Zijn handen gaan tergend langzaam over mijn lichaam. 'O, die billen', kreunt hij zachtjes. De oplaaiende passie verwart me meer dan ik had verwacht. 'Kom op, Eef, genieten nu en niet nadenken', spreek ik mezelf in gedachten toe. De heerlijke aandacht en liefkozingen doen me goed na de afgelopen verdrietige weken, maar ik wil mezelf niet meer kwijtraken.

Een paar uur later kus ik Dave gedag, sluit de voordeur en leun vervolgens even tegen de binnenkant. De lichte verwarring in zijn blik bij het afscheid is me niet ontgaan. Dit is dus de manier, zo werkt het. Niets zeggen over een volgende afspraak, geen 'tot ziens' of 'zie ik je snel weer'.

'Ik dacht dat je het wat rustiger aan ging doen, maar dat heeft niet lang geduurd, begrijp ik.' Lisette kijkt me doordringend aan. Ik meen iets van ongenoegen te zien in haar blik. 'Ja, ik kon er toch ook niets aan doen?' Ik probeer me te verontschuldigen maar ze laat me nauwelijks uitpraten en zegt scherp: 'Je kan er altijd iets aan doen. Je was er toch zelf bij?' Ze loopt heen en weer door de kamer en gaat dan verder. 'Eef, ik wil gewoon niet dat je weer zo verdrietig bent. Ik heb gezien hoe diep je zat na al die ellende, eerst met Dave en later met Richard. En nu laat je het weer gebeuren. Begin er gewoon niet meer aan, ze zijn het allemaal niet waard. Uiteindelijk draait het bij al die gasten maar om één ding.' Ze zucht. 'Geef me nou maar een wijntje, dan gaan we het over Oud en Nieuw hebben. Lucas heeft vipkaarten voor ons geregeld voor een besloten feest in de Roulette. We gaan met een hele groep, hij heeft de taxi's ook al besteld. En Sven slaapt bij Marco. Afgesproken met mijn oom en tante. Hoe vind je die?'

Margriet en Ton, de ouders van Marco en oom en tante van Lisette, geven al jaren geweldige Oud en Nieuwfeesten. Ook vanavond is het weer volle bak. Er zijn veel vrienden uit mijn vorige leven, dat anderhalf jaar geleden zo plotseling geëindigd is. Ik zie hun nieuwsgierige blikken heus wel, maar het kan me niets schelen. Een enkeling waagt het om een praatje met me te maken. Verder wordt er alleen maar gestaard. Naar mijn sexy topje, strakke jeans en hoge hakken, naar de manier waarop Lisette en ik met elkaar omgaan. Ik weet zeker dat er over ons gepraat wordt. Henri is er ook. Logisch, het zijn ook nog steeds zíjn vrienden. Hij blijft op afstand maar ik zie hoe hij af en toe naar me kijkt en plotseling overvalt me een gevoel van weemoed om wat geweest is. Het had allemaal zo anders kunnen zijn. Wat moet het moeilijk voor hem zijn om me zo te zien, zo ver van hem verwijderd, in niets meer de vrouw met wie hij zoveel jaren zijn leven heeft gedeeld. Ik schud het trieste gevoel snel van me af en loop naar de keuken om mijn glas vol te schenken.

Om twaalf uur zoent iedereen elkaar, inmiddels lichtelijk onder invloed van de alcohol, een 'gelukkig nieuwjaar'. Lisette en ik rennen naar boven, naar de badkamer, om nog even snel onze make-up bij te werken. Dan duwt ze me een klein wit pilletje in mijn handen. 'Speed. Neem maar, dat hebben we wel nodig. Het wordt een lange nacht.' Giechelend om ons geheim gaan we naar beneden en zeggen iedereen gedag. Ik geef Sven een knuffel en zeg dat hij het niet te laat moet maken. Hij lacht even en zegt dan 'veel plezier mam, doe voorzichtig'. Voor de deur staan twee taxi's. Uit de voorste stapt Lucas als we naar buiten komen. Met het portier in zijn hand gebaart hij naar de achterbank. 'Hier is nog plek.' Hij geeft ons allebei een zoen. 'Wie gaan er eigenlijk allemaal mee?' Ik kijk

Lucas aan, maar hij haalt onverschillig zijn schouders op. 'Gewoon, wat vrienden.' Hij noemt de namen op, maar het zegt me weinig. Het maakt me eerlijk gezegd ook niet uit, het is een goede manier om de taxikosten te delen en verder zien we wel.

Als we in de Roulette aankomen wacht ons een onaangename verrassing. De vipkaarten die Lucas heeft gekocht zijn weliswaar goed voor een tafel boven, met uitzicht op de dansvloer, en met twee drankjes inbegrepen, maar verder is het de bedoeling dat we de drank per fles kopen. Of we even willen lappen voor een fles Bacardi van 120 euro. De cola krijgen we er dan wel bij. Wat een stelletje afzetters hier! Ik voel er weinig voor en loop bovendien al aardig te stuiteren door de speed. Lisette en ik besluiten niet mee te doen en het bij water te houden, beter voor ons en zo houden we het ook nog een beetje betaalbaar. We mengen ons tussen de dansende menigte en gaan door tot in de kleine uurtjes. Ik kan niet stoppen met praten en word doodmoe van mezelf. 'Waar hebben jullie het in godsnaam de hele tijd over?' hoor ik ineens iemand naast me zeggen. Als ik me omdraai kijk ik in de ogen van een blonde jongen in een wit overhemd vol woorden en cijfers, die me geamuseerd staat aan te kijken. In no time heeft hij me zijn halve levensverhaal verteld. Hij heet Laurens, is een paar jaar op wereldreis geweest en probeert nu weer een beetje te aarden in de oer-Hollandse samenleving. Ik kan aan hem merken dat hij er moeite mee heeft, hij heeft zoveel meegemaakt. Zijn manier van vertellen raakt me, hij voelt als iemand met een goed hart. Tegen de ochtend nemen we afscheid en als ik om halftien in mijn eentje in mijn koude bed stap is er nog maar één ding dat ik wil: slapen. Een wens die slecht samengaat met het spul dat ik gebruikt heb, het is al bijna weer donker als ik eindelijk wegzak in een diepe slaap vol onrustige dromen over verre, onbekende oorden.

27

Het voelt alsof er een mistige deken op me ligt die me belemmert om wakker te worden. Als het me eindelijk lukt om mijn ogen open te doen is het eerste wat ik voel een enorme keelpijn. Voorzichtig probeer ik te slikken. Au! Het lijkt wel of er een handje scheermesjes langs mijn keel schraapt. Ik kom overeind en voel nu ook overal spierpijn. De wekker geeft tien over vijf in de ochtend aan. Ik sta op en strompel in mijn dunne nachthemdje op blote voeten naar de keuken om een slokje water te nemen. Niet normaal zo koud als het is. Valt nog mee dat er water uit de kraan komt, het lijkt wel te vriezen in het kleine keukentje. Snel loop ik naar de kamer en buig me voorover om de knop aan de zijkant van de roestige gaskachel op vijf te zetten. Ik weet bijna zeker dat mijn hersenen los in mijn hoofd liggen en zojuist tijdens het bukken met een bonk naar voren zijn gevallen. Dit is echt niet goed! Nog maar even terug naar bed en wachten tot het iets warmer is geworden in huis.

Mijn oog valt op mijn telefoon die oplicht op het nachtkastje. Zes gemiste oproepen. Ik open het scherm en zie dat het mijn moeder is die gebeld heeft. Er zal toch niets aan de hand zijn met mijn vader? Ik raak even in paniek, maar dan dringt het tot me door. Ik heb gewoon de hele nieuwjaarsdag geslapen. Logisch dat ze doodongerust is geworden, nog nooit heeft iemand uit ons gezin de traditie doorbroken om op één januari om twaalf uur 's middags bij mijn ouders op de koffie te komen, elkaar een gelukkig nieuwjaar te wensen en samen de laatste oliebollen op te eten. Wat nu? Ik kan haar moeilijk om halfzes in de ochtend gaan bellen om te zeggen dat ik nog leef. Ik sla het dekbed weer open en kom overeind. De temperatuur wordt gelukkig al iets aangenamer. Ik moet zeggen dat ik dat dan wel weer een voordeel vind van klein wonen, je geeft een slinger aan de kachel en binnen de kortste keren is het hele flatje warm.

Eerst maar een beker thee maken, misschien knap ik daar een beetje van op.

Het is bijna halfacht als ik eindelijk mijn moeder durf te bellen. Ze neemt zo snel op dat ik vermoed dat ze met de telefoon in haar handen zat. 'Waar ben je, is alles goed met je?' Haar stem klinkt gejaagd.

'Sorry mam, voor gisteren. Ik had je moeten bellen dat ik niet kon komen. Ik voel me hartstikke ziek. Keelontsteking denk ik.' Ik schrik van mijn eigen rauwe stemgeluid.

Het plan dat ze vast en zeker had om me verwijtend toe te spreken en te vertellen hoe ongerust ze met z'n allen zijn geweest, verdwijnt als sneeuw voor de zon. 'Ach meissie toch, ik hoor het, ja. En nu? Heb je koorts?'

'Volgens mij wel. Alles doet pijn en ik heb het warm en koud tegelijk.' Ik trek de fleecedeken nog wat verder om me heen terwijl ik dieper wegduik in het hoekje van de bank.

'Doe maar rustig aan dan, en hou me op de hoogte. Heb je genoeg eten in huis? Anders moet je bellen, hoor.' De reeks goedbedoelde adviezen die volgt over vitamine C en stomen met zout water komt maar half binnen in mijn geplaagde hersenen.

Eind van de middag komt Sven thuis. Ik hoor hoe hij zijn sporttas met kleding en toiletspullen met een plof in de gang laat vallen en de kamer in loopt. 'Mam?' Hij komt terug en duwt dan de deur van mijn slaapkamer voorzichtig open. Ik zie hem staan maar kan zijn gezicht niet onderscheiden in het schemerlicht. 'Ben je ziek of zo?' Hij komt dichterbij.

'Ja, ik denk het.' De raspende keelklanken die het antwoord moeten vormen komen echt uit mij.

'Jemig, je hebt het lekker te pakken zo te horen. Ik wilde net vragen wat we gingen eten maar dat gaat hem niet worden, denk ik.' Hij laat zich zakken op de rand van mijn bed.

'Nee schat, ik moet niet aan eten denken, maar jij moet wel iets hebben. Geef mijn portemonnee maar even aan, dan geef ik je geld. Wil je dan zelf iets halen bij Albert

Heijn? Misschien iets makkelijks voor in de magnetron of zo.'

De keelontsteking met hoge koorts heeft me een paar dagen in zijn greep gehad, maar een stevige antibioticakuur van de huisarts heeft voor een klein wonder gezorgd. Nu valt me pas goed op dat Sven er meer dan belabberd uitziet. De lieverd heeft op zijn manier zijn best gedaan om een beetje voor me te zorgen. Af en toe een boodschapje, een kopje thee met een beschuitje. De laatste dagen van de kerstvakantie heeft hij hier thuis bij mij doorgebracht en ik heb het idee dat hij voor zijn doen veel geslapen heeft. Zelfs gamen heb ik hem nauwelijks zien doen.

'Jij bent ook niet echt in orde, hè.' Ik bestudeer de donkere kringen onder Svens ogen.

'Ik weet het niet, mam. Misschien heb jij me wel aangestoken, maar morgen naar school zie ik echt niet zitten.' Hij kijkt me aan met zijn kijk-eens-hoe-zielig-ik-ben-blik en ik schiet in de lach.

'Dat zullen we morgenochtend wel zien, zover is het nog niet.' Het is niet het antwoord waar hij op gehoopt had, dat is duidelijk. Ik heb al een poosje het gevoel dat de opleiding die hij nu volgt op het mbo ook niet is wat hij wil. Hij had zich bij Facility Management ook wel iets anders voorgesteld dan stagelopen bij La Place en de hele godganselijke dag sinaasappels staan uitpersen. Misschien komt het omdat hij halverwege het jaar is ingestroomd. Tegen de zomervakantie maar eens kijken hoe het gaat, anders kan hij misschien beter switchen en iets anders gaan doen.

De volgende ochtend ziet Sven nog bleker dan hij al deed en zijn de kringen onder zijn ogen nog donkerder, ondanks een nachtrust van bijna tien uur. Ik begin me echt ongerust te maken en bel de huisarts. We kunnen gelukkig snel terecht. Een paar dagen later belt hij op met de uitslag van het bloedonderzoek. 'Je zoon heeft de ziekte van Pfeiffer. Hij moet voorlopig rust houden.'

Niet te geloven! Dat kan er ook nog wel bij. Diezelfde middag bel ik de school van Sven en vraag naar zijn mentor. Het duurt even voordat ik hem aan de telefoon krijg. Als ik hem vertel wat er aan de hand is merk ik wel dat de beste man het heel vervelend vindt, maar ik vraag me af voor wie. Heeft hij met Sven te doen die zich zo moe en ellendig voelt of denkt hij slechts aan de scores en gemiddelden van zijn klas? We spreken af dat we contact houden, maar een telefoontje van zijn kant om te informeren hoe het met Sven gaat blijft de weken erna uit.

Als ik twee weken later weer bel stelt hij voor om een afspraak te maken, we moeten praten. Het gesprek die middag in zijn kantoor loopt stroef, ik voel weinig begrip voor het feit dat Sven ziek is. De mentor heeft het idee dat de opleiding niet zo goed bij hem past. Nee, goh, dat had ik nog niet gemerkt! Met de deadline die hij een paar maanden geleden kreeg van de leerplichtambtenaar heeft hij halsoverkop een opleiding uitgekozen, nauwelijks wetend waar Facility Management eigenlijk voor stond. De informatie vanuit de school was minimaal geweest, hij zou de eerste maanden voornamelijk stage gaan lopen. O ja, en die was onbetaald trouwens. Lekker makkelijk, zo'n goedkope arbeidskracht in een zelfbedieningsrestaurant! De mentor staart me aan terwijl ik mijn verhaal doe. 'Ik begrijp het', zegt hij dan. 'Als uw zoon hersteld is gaan we kijken of we hem ergens anders kunnen plaatsen. Misschien weet ik een leuke stageplek op een hotelreceptie in Amsterdam.' Enigszins gerustgesteld sta ik een halfuur later buiten als mijn telefoon gaat. Het is Lisette.

'Heeey, hoe gaat het met je? Ben je weer een beetje opgeknapt? En ben je thuis vanavond?' Ze klinkt enthousiast, wat meestal betekent dat ze met een idee komt. 'Marco komt trouwens ook mee.'

Fijn, het zal Sven goed doen dat zijn beste vriend vanavond komt, ook al vraag ik me af waarom Lisette haar neefje meebrengt. Opgewekt fiets ik naar huis.

'Nou, wij hebben dus het volgende voorstel.' Lisette kijkt me stralend aan terwijl ze haar handen warmt aan het theeglas dat ik zojuist voor haar heb neergezet. 'Wij, Marco en ik, hadden zo gedacht, als we nou komende zomer eens lekker met z'n vieren op vakantie gaan? Dat hebben we allemaal wel verdiend, toch?'

'Maar hoe zit het dan met Lucas? Ga je dan niet met hém op vakantie? Ik kijk haar niet-begrijpend aan, maar ze wuift het weg met een nonchalant gebaar. 'Hij bekijkt het maar. Ik heb het geloof ik al vijf keer aan hem gevraagd, maar meneer weet het nog niet. Nou, dan weet ík het wel. Ik heb gezegd dat ik dan mijn eigen plan wel trek. Ik ga mooi niet thuis zitten van de zomer.' Met een triomfantelijke blik pakt ze haar mobiel en laat me een foto zien.

‘Kijk, dit lijkt ons wel wat. Bodrum, Turkije. Leuk stadje, lekker veel te doen. Mooi hotel in het centrum, en vanuit Bodrum gaat elke week een hele nacht een reuzecatamaran de zee op voor een houseparty een eind uit de kust. Leuk voor Sven en Marco om een keer mee te maken, toch? En ook voor ons natuurlijk.’

Ik kijk Sven aan en zie zijn ogen stralen in het bleke koppie.

‘Doen we het, mam? Gaan we mee?’ Het is echt een tijd geleden dat ik hem ergens zo enthousiast voor heb gezien.

‘Is het duur?’ Ik pak de telefoon aan van Lisette en bestudeer de prijzentabel. Snel reken ik in mijn hoofd uit hoeveel maanden het nog duurt voordat we vertrekken. Daar zit ook nog een keer vakantiegeld tussen. Als ik een beetje zuinig aan doe moet het lukken. ‘Het lijkt me heerlijk. Laten we het maar doen.’ Vanuit mijn ooghoek zie ik hoe Sven en Marco elkaar een high five geven.

De weken van thuis zitten met een zieke zoon hebben als voordeel gehad dat ik weer lekker op schema lig met mijn opdrachten voor school. Dat was hard nodig, want mijn portfoliogesprek komt dichterbij en de uitkomst daarvan is bepalend voor het vervolg. Als het gesprek positief uitpakt mag ik starten met de laatste fase van de opleiding, de LIO-stage, wat staat voor leraar in opleiding. Ik mag dan zelfstandig voor de klas en krijg eindelijk ook betaald voor de stage. Dat is meer dan welkom na de vele maanden op een houtje bijten. Ik heb echt keihard gewerkt en daarnaast heb ik thuis mijn best gedaan om te zorgen voor zo veel mogelijk rust en regelmaat. Sven heb ik zo ongeveer overvoerd: liters volle yoghurt met granen als ontbijt, tussendoor sapjes en bakken vers fruit, groente-omeletten en elke avond een gezonde, koolhydraatrijke maaltijd. Hij lijkt zowaar iets aangekomen en ziet er ook wat beter uit.

De mentor van zijn school heeft na het laatste gesprek een paar keer gebeld om te informeren hoe het ging en hij heeft woord gehouden over de stage. Sven mag binnenkort starten op een nieuwe stageplek in een hotel in Amsterdam. Hij gaat meedraaien bij alle onderdelen, wat inhoudt dat hij een paar weken bij de receptie zal zitten, vervolgens in de bediening zal lopen, in de keuken gaat helpen en kennis zal maken met de gang van zaken bij housekeeping. Het is een hotel waar veel buitenlandse toeristen komen, dus hij zal veel Engels moeten spreken. Nou, dat is hem wel toevertrouwd, lijkt me. Dat is dan weer een voordeel van al dat internationale gamen.

Het doffe gevoel van eenzaamheid dat regelmatig de kop opsteekt probeer ik telkens dapper weg te duwen, met wisselend succes. Misschien is dit het wel. Is een fijne relatie met een lieve, zorgzame, aantrekkelijke man voor mij niet meer weggelegd en eindig ik als alleenstaande oude vrouw, die blij is met af en toe een bezoekje van haar zoon, haar zus of een vriendin? Dan huil ik stiekem, en hoop ik dat Sven het niet merkt.

De eerste dagen van de thuiszitperiode kijk ik veel op mijn telefoon, maar het blijft oorverdovend stil aan de andere kant. Kennelijk is er niemand die zich afvraagt hoe het met me gaat, niemand die me mist. Ook Dave niet. Voor hem was die avond na de kerst gewoon een avontuurtje, dat is me inmiddels wel duidelijk. Kom op, Eef, spreek ik mezelf inwendig toe, wat had je dan verwacht? Dat hij smachtend voor de deur zou staan met een bos rozen? Doe toch normaal. Nee, ik moet nu doorzetten, voor Sven en voor mezelf. Me geen gekkigheid meer in mijn hoofd halen.

Af en toe komt er een vriend van Sven langs, maar de hele jongensgroep die hier de laatste tijd zo vaak aanmeerde kan voorlopig even niet bij ons terecht in de avonden, daarvoor heb ik het te druk. Daar komt bij dat Sven zijn nachtrust hard nodig heeft. Overdag, wanneer ik naar mijn stage ben of moet werken, weet ik dat de jongens hier soms zitten. Dat vind ik minder erg, zo heeft Sven ook een beetje afleiding.

Sarah en Lisette komen af en toe wel even langs maar voelen feilloos aan dat ik op een andere zender zit. Het blijft bij korte bezoekjes die steevast bij de deur eindigen met een 'nou, je belt maar als je weer een keertje op stap wil'. Dat ze zich allebei een beetje zorgen om me maken zie ik in hun ogen.

Mylène is veel bij ons geweest nu Sven niet naar haar toe kon, maar zelfs voor de twee dunne puberlijven is het samen slapen in zijn smalle bed niet al te comfortabel. De vraag of hij weer een keer bij haar mocht logeren kon dus niet uitblijven en ook al ben ik nog steeds bezorgd om hem, vanmorgen heb ik hem weggebracht voor een weekend bij zijn meisje. Heerlijk voor hem, en zo kan ik eindelijk weer eens gezellig een avondje uit met Lisette. Echt in de stemming ben ik er niet voor, het matte gevoel overheerst nog, maar wie weet doet het me toch goed.

28

'Wordt het nou nog wat met je? Ik zit hier al bijna een uur te wachten.' Het ongeduld is duidelijk te horen in Lisettes stem. Ik loop de gang in en gluur even de kamer in. Ze zit onderuitgezakt op mijn bank, in de ene hand een glas rode wijn, in de andere haar telefoon.

'Ja ja, ik ben bijna klaar. Ik twijfel zo tussen deze broek met dat shirtje en dit jurkje. Wat vind jij?' Ik houd de kledinghangers zo hoog mogelijk.

Lisette kijkt in mijn richting. 'Eef, serieus, loop je nou nog in je string rond? Ik dacht dat je bijna klaar was. Doe maar wat jij wil, wat maakt het nou uit, we doen gewoon een drankje in de stad.' Ze klinkt een beetje nors en ik zie aan haar gezicht dat het haar weinig interesseert.

Tien minuten later sta ik voor haar en draai een rondje. 'Tadaa!' Ik wacht op haar reactie. 'Ja, waarom vraag je het dan?' Ze haalt haar schouders op terwijl ze me bekijkt. Loeistrak mini jeansrokje, zwart haltertopje van netstof, aan de voorkant gevoerd zodat het nog iets te raden overlaat. Mijn zwart kanten behaatje valt aan de achterzijde precies gelijk met de rand van het topje, alsof het ervoor gemaakt is. De stoere hoge zwarte laarzen maken het geheel af.

'Draai je eens om en buk eens.' Het klinkt bijna als een bevel uit haar mond. Gedwee draai ik me om en buig naar voren.

'Nou, doe dat maar niet vanavond. Je kijkt zo tegen je billen aan met die string.'

Ze heeft net haar zin afgemaakt als haar mobiel gaat. 'Heeeey, hoe is het met jou? – Ja, ik was het wel van plan. – Nee, ik ben niet thuis, ik zit bij Eva. Je weet wel, die vriendin over wie ik verteld heb. – Wacht, even vragen.'

Lisette houdt haar telefoon een stuk van zich af en kijkt me aan.

'Weet je nog dat ik je vertelde over Roy? De ex van dat collegaatje van me. Hij vraagt of hij met ons mee mag vanavond.'

'Prima, gezellig toch?' antwoord ik. 'Vraag dan of hij eerst hierheen komt.'

Twintig minuten later gaat de bel. Ik loop naar de voordeur en trek hem open. Voor me staat een lange, goedgebouwde jongen met brutale donkere ogen en kort, zwart, licht krullend haar. Ik schat hem zo'n vijftien jaar jonger dan ik ben. Hij kijkt me aan en lacht zijn hagelwitte tanden bloot.

'Zo Eva, aangenaam om kennis met je te maken.' Terwijl hij het zegt zie ik zijn blik over mijn lichaam gaan. Ik voel hoe een klein kriebeltje in mijn maagstreek zich langzaam uitbreidt richting onderbuik. Roy is op een schaal van één tot tien zeker een negen. Ik laat hem binnen en zie hoe hij Lisette enthousiast begroet. Zij is ook duidelijk gecharmeerd van hem.

'Wil je iets drinken?' vraag ik.

'Heb je een biertje?' Hij kijkt me aan en weer voel ik hoe er iets onbestemds door mijn lijf fladdert. Ik was ervan overtuigd dat iedere vorm van emotie de afgelopen tijd was opgedroogd door alle verdriet en teleurstelling die ik heb moeten doorstaan, maar kennelijk zit er nog iets van leven in me. Plotseling gloort er weer een sprankje hoop aan de horizon. We kletsen een poosje en besluiten dan om richting stad te gaan. Roy springt zo enthousiast achter op de bagagedrager van Lisette dat ze bijna samen in de goot belanden. Gillend van de lach trappen we richting het uitgaanscentrum. In de eerste kroeg waar we naar binnen gaan wordt het me al snel duidelijk dat Roy veel mensen kent. Overal wordt hij begroet, meisjes zoenen hem en jongens slaan hem amicaal op de schouder. Ondanks de harde muziek praten we honderduit. Roy is zó grappig dat mijn buik na een halfuurtje pijn doet van het lachen. O, wat heb ik dit gemist!

Ineens zie ik Lisette in haar tasje duiken en haar mobiel opvissen. Hoe is het mogelijk dat ze in deze drukte merkt dat haar telefoon gaat! Ze snelt naar buiten om hem te beantwoorden. Even later staat ze voor me met een verontschuldigende blik.

'Het was Lucas. Hij was not amused dat ik ben uitgegaan zonder dat hij het wist. Hij wil dat ik nu naar hem toe kom.'

'Ja, lekker dan, we zijn nu toch met z'n drieën uit?' Ik baal stevig dat ons gezellige avondje zo abrupt lijkt te eindigen. Roy komt bij ons staan en vraagt wat er aan de hand is. 'Dan ga je toch? Ik blijf wel hier met Eva, als ze dat wil tenminste.' Hij knipoogt naar me. Ik voel hoe mijn hart onrustig begint te kloppen. 'Zeker weten?' Lisette kijkt me vragend aan, maar veel aansporing heeft ze niet nodig. Bij de deur kijkt ze nog even om en werpt me een kushand toe.

Roy slaat een arm om mijn schouders en vraagt of ik meega naar een andere kroeg waar ze betere muziek draaien. Daar binnengekomen fluistert hij in mijn oor: 'Wil je een drankje of doen we een watertje en een lekker snoepje?' Ik begrijp direct wat hij bedoelt en voel mijn handen klam worden. Ik ken hem amper, dit is echt niet verstandig. We moeten nog terugfietsen, samen op één fiets en daarna moet hij nog naar huis rijden. Hij trekt me tegen zich aan en kust me op mijn oor. 'Kom op, gewoon een avond lol mag toch best?' Even later voel ik hoe hij het pilletje in mijn hand drukt. Hij loopt naar de bar en komt terug met twee flesjes water. Terwijl hij me heel stout aankijkt legt hij het pilletje op zijn tong en spoelt het weg. Ik volg hem en hij pakt me vast. 'Heerlijke vrouw ben je', zegt hij terwijl hij mijn hals kust. We praten, dansen, lachen, tot ik na een tijdje voel hoe het bekende gelukzalige gevoel bezit van me neemt. Roy kust me op mijn mond en vraagt dan of ik naar huis wil. Ik voel plotseling hoe pijnlijk mijn voeten zijn en knik. Hij trekt me mee naar buiten richting taxistandplaats en steekt zijn hand op.

'Maar mijn fiets dan?' sputter ik tegen.

'Dat komt morgen wel.' Hij trekt me mee de taxi in en even later zijn we onderweg. Bij mijn flat aangekomen zie ik hoe hij afrekent met de chauffeur. 'Je gaat toch niet zelf rijden nu? Waarom laat je je niet door de taxi afzetten?' Ik kijk hem aan met mijn meest onschuldige blik.

'Dat heb ik net gedaan.' Zijn stem klinkt ineens donker en vol beloften. Ik zwijg even terwijl we uitstappen.

'Oké, prima, dan blijf je bij mij. Maar beloof me dat er niets gebeurt.' Heel overtuigend klinkt het volgens mij niet, maar hij belooft me plechtig dat hij alleen maar een paar uurtjes bij me wil slapen. Even later liggen we tegen elkaar aan in bed. Ik heb mijn zwart kanten string aangehouden, hij zijn witte Calvin Klein-boxershort die geweldig afsteekt bij zijn gebruinde huid. Hij kust me, eerst zachtjes, dan dwingender terwijl zijn tong over mijn lippen gaat en vervolgens de mijne zoekt. Ik voel hoe zijn handen over mijn heupen gaan. Dan stopt hij plotseling en zegt: 'Nee Roy, hou je aan de afspraak.' Ik grinnik en nestel me met mijn rug naar hem toe tegen hem aan. Ik ben net een beetje weggedoezeld als ik iets voel op mijn rug. Het duurt even voordat ik besef wat er gebeurt, maar dan voel ik een tong langs mijn ruggengraat gaan en langzaam afdalen, over mijn linkerbil en dan over mijn heup naar voren. Een hand trekt me op mijn rug en ik voel hoe mijn string naar beneden wordt geschoven. Ik open mijn ogen en kijk in die van Roy. Ze zijn bijna zwart van begeerte. 'Ik wil je.' Zijn stem klinkt hees. Dan duwt hij mijn benen uit elkaar en buigt zich voorover. 'Lekker glad', mompelt hij terwijl hij zijn tong zachtjes over mijn gezwollen schaamlippen laat gaan. Ik voel hoe mijn weerstand wegebt terwijl zijn tong plagend rond mijn clitoris gaat. Dan richt hij zich op. Zijn boxershort heeft hij uitgetrokken zonder dat ik het gemerkt heb. Ik zie hoe zijn keiharde pik uitdagend omhoogwijst en voel een golf van verlangen door mijn onderbuik gaan. Terwijl hij me strak aankijkt steekt hij twee vingers in zijn mond en buigt zich dan weer voorover. Moeiteloos duwt hij ze in mijn vochtige spleetje en beweegt ze ritmisch heen en weer terwijl hij doorgaat mijn klitje met zijn tong te bewerken. Het orgasme dat volgt is zo intens dat mijn onderlijf siddert. Een fontein van kleuren explodeert in mijn hoofd. Dan richt hij zich weer op en stoot in één beweging zijn imposante geslacht bij me naar binnen.

Terwijl ik zijn ritme opvang voel ik hoe bij iedere beweging zijn hoogtepunt dichterbij komt tot hij zich met een schreeuw uit me terugtrekt en zijn warme zaad over mijn buik en borsten spuit.

Ik schrik wakker van een motorfiets die met veel kabaal start onder mijn slaapkamerraam. Die mafkees van driehoog natuurlijk weer met zijn oude opgelapte Honda, echt niet normaal, dat geluid. Langzaam komen de herinneringen aan de afgelopen nacht naar boven. Even vraag ik me af of het misschien een droom was, maar een blik opzij neemt het laatste restje twijfel weg. Naast me ligt Roy op zijn buik te slapen, zijn hoofd op zijn linkerarm met de indrukwekkend getatoeëerde schouder. Ik lach in mezelf om zijn mond die een beetje openhangt. Hij is echt compleet van de wereld. Ik draai me om en kijk op de wekker. Shit, kwart over acht! Het is zaterdag! Mijn les pedagogiek begint om half tien! Ik mag hem niet missen, vandaag gaan we het hebben over de morele ontwikkelingsfasen van het jonge kind. Ik schiet overeind en spring uit bed om me aan te kleden. Snel, snel, de koffie aanzetten, mijn haar en make-up een beetje fatsoeneren en mijn tas met boeken klaarzetten. Ik vul twee bekers koffie, neem ze mee naar de slaapkamer en zet ze op het nachtkastje.

'Wakker worden, slaapkop.' Zachtjes schud ik aan Roy's schouder. Hij gromt een beetje maar opent dan zijn ogen.

'Goeiemorgen, jij bent er vroeg uit, zeg.' Hij geeuwt en rekt zich uit.

'Ik heb koffie voor je en slecht nieuws. Ik moet over vijf minuten de deur uit. Dus jij ook.' Ik kijk even hoe hij reageert maar hij geeft geen krimp.

'Geeft toch niks? Maar waar moet je heen dan?'

'Nou... ik moet naar school. Dat was ik een klein beetje vergeten.' Ik geef hem de beker koffie aan. 'Dus als je er snel uit wil komen.'

Twintig minuten later kussen we elkaar gedag onder aan de flat. Even later race ik vol gas over de snelweg in de hoop nog op tijd te zijn voor het eerste college. Gelukkig staat er geen file, maar het vinden van een parkeerplaats bij de school in de buurt is bijna niet te doen. Als ik eindelijk mijn autootje kwijt ben zie ik op mijn horloge dat de les net begint. Snel ren ik de school in en de gangen door.

Oké, diep ademhalen. Ik trek de deur van het lokaal open en loop naar binnen met een zacht 'sorry' tegen de docent, die me vervolgens licht verstoord aankijkt. Naast Daniëlle is nog een lege plek. Ik plof naast haar neer en merk dat ze gaat verzitten. Terwijl de docent een monoloog houdt over de voorbeeldfunctie die wij als leerkracht hebben voor jonge kinderen, probeer ik mezelf een beetje bij elkaar te rapen. Het meeste dat hij vertelt ontgaat me. Ineens staat iedereen op om groepjes van vier te vormen voor een opdracht. Geen idee waar het over gaat.

'Waar ben jij mee bezig, Eef?' sist Daniëlle naast me. 'Dit kan echt niet zo, je ziet er niet uit, hebt pupillen als schoteltjes en zo te ruiken heb je vanmorgen ook geen water en zeep gezien.'

Ik kijk haar aan en zie de afkeer in haar ogen. Beschaamd sta ik op en loop het lokaal uit, richting toiletten.

29

'Zo. Klaar.' Lisette schuift de bureaustoel zo hard naar achteren dat hij met een klap tegen de eettafel achter haar knalt. De twee groene glazen kandelaars staan te rinkelen op het houten tafelblad en vallen nog net niet om. 'O sorry! Nou ja, je moet het maar eens lezen.' Ze kijkt me licht triomfantelijk aan. Terwijl ik in de keuken bezig was een pan spaghetti te maken heeft Lisette een poosje achter mijn computer gezeten. Ik hoorde haar wel rammelen op het toetsenbord maar had geen idee wat ze aan het doen was. Nu ga ik achter haar staan met mijn hand op de rugleuning van de stoel en lees aandachtig de tekst.

Vlotte vrouw van midden veertig, slank, blond, levensgenieter, houdt van reizen en uitgaan, studerend en met baan, met zoon van zestien, zoekt een lieve, grappige, betrouwbare man om samen leuke dingen te ondernemen en wie weet met elkaar iets moois op te bouwen. Bij voorkeur iets jonger.

Lisette heeft een profiel aangemaakt op een datingsite en een pakkende tekst toegevoegd. Ik kijk haar geschrokken aan, maar ze grijnst terug. 'Ik heb nog niet op enter gedrukt, hoor. Je moet eerst maar zeggen wat je ervan vindt. De eerste drie maanden zijn trouwens gratis, dus je hebt niets te verliezen. Probeer het gewoon eens. We zien allemaal dat het alleen zijn gewoon niets voor je is.'

Ze heeft gelijk. Misschien heeft het met het koude winterweer te maken, maar ik voel me nog steeds behoorlijk down. Het portfoliogesprek met mijn studieloopbaanbegeleidster is goed gegaan. Eigenlijk meer dan goed, ik heb groen licht gekregen voor de eindfase van de opleiding en mag over twee weken starten met de laatste stageperiode. Misschien kwam het doordat ze ook gescheiden is en dus weet hoe zwaar het voor mij als alleenstaande moeder is. In elk geval was ze enthousiast over mijn resultaten en ze verzekerde me dat ik op een vaste baan kan rekenen na de diplomering. Daarmee is het misschien mogelijk om een appartementje voor Sven en mij te kopen nu het eind van de huurperiode van dit armoedige flatje nadert. Wie weet kunnen we in een wat betere buurt gaan wonen, zonder junks, burenruzies en flatbranden. Maar al dit goede nieuws kan mijn voortdurend knagende gevoel van eenzaamheid en uitzichtloosheid niet wegnemen.

'Ik weet het niet, hoor', zeg ik tegen Lisette. 'Ik heb nog nooit zoiets gedaan. En dan dat laatste zinnetje, staat dat niet een beetje raar?' Ik voel hoe mijn hart onrustig klopt bij het idee dat dit verhaaltje straks, compleet met foto, online zal staan.

'Ach waarom? Wat maakt het uit? Je moet gewoon eerlijk en duidelijk zijn over wat je wilt en wat voor man je zoekt. Als we dat er niet bij zetten krijg je straks allemaal reacties van buikige vijftigers met kale hoofden die op zaterdagavond met je op de bank tv willen kijken met de voeten op tafel en een bak chips tussen jullie in.' Lisette trekt er een vies gezicht bij. Ik schiet in de lach om haar logica. 'Nou, oké dan, zet het er maar op.'

Lisette klikt op 'plaatsen'. Dan laat ze me mijn gebruikersnaam en wachtwoord zien en logt uit. Ik roep Sven en met z'n drieën vallen we aan op de pan met pasta.

Na het eten trekt Sven zich weer terug op zijn kamer en raken Lisette en ik druk aan de praat over Lucas. De relatie tussen Lisette en hem loopt niet zo lekker meer. Lisette merkt dat er weinig gesprekstof tussen hen is en het blije gevoel dat ze in het begin had wanneer ze hem weer zag begint nu, ruim een jaar verder, plaats te maken voor een gevoel van sleur. Ze spreekt het niet uit maar ik weet dat dit het begin van het einde is. Met een diepe zucht staat Lisette op, pakt haar jas en zoent me gedag. Pas nadat ze vertrokken is denk ik weer aan de datingsite. Ik zet de computer aan en log in. *Je hebt 52 reacties*, lees ik rechtsboven. Onmogelijk, mijn profiel staat er nog geen twee uur op. Ik klik op de link en zie een hele rij namen, de meeste met een foto ernaast. Nieuwsgierig bekijk ik de reacties een voor een.

Sommigen hebben maar een paar regeltjes geschreven,

maar er zitten ook enorme epistels tussen. Heel veel complimenten vanwege mijn foto en ook behoorlijk wat zelfpromotieteksten. Mijn oog valt op een nogal onaardige reactie van een zuur type van achter in de vijftig. Het stoort hem dat hij kennelijk op grond van zijn leeftijd niet goed genoeg voor mij is. Nou, als ik zijn foto bekijk kan ik me niet voorstellen dat hij er beter heeft uitgezien toen hij nog jonger was. Snel blokkeer ik hem en lees verder.

Een paar uur later heb ik alle mail doorgespit. Ik ben blijven hangen bij twee mannen, een kickbokser uit Kerkrade met een indrukwekkende torso en grappige schrijfstijl, en een Haarlemmer met lang krullend haar, mooie ogen en een goed verhaal. Even vraag ik me af of ik nu al die andere mannen een soort afwijzing moet sturen. Geen idee eigenlijk wat gebruikelijk is. Ik besluit er even niets mee te doen en de twee leukerds een kort berichtje te sturen. De Haarlemmer reageert direct. We sturen mailtjes aan elkaar tot in de kleine uurtjes en tegen de tijd dat ik ga slapen heb ik het aangename gevoel er een vriend bij te hebben.

'Schat, je moet nog veel leren, geloof ik. Natuurlijk hoef je niet overal op te reageren.' Sarah is net samen met haar dochtertje Fleur binnengekomen en heeft haar aan tafel gezet met een koffertje vol My Little Pony's. Ze neemt een slok koffie en kijkt me aan met een ondeugende lach terwijl ze haar weelderige donkere krullenbos naar achteren schudt. 'Ik had het je nog niet verteld maar ik ben ook al een poosje aan het klieren op dezelfde datingsite. Laat maar eens zien wat er allemaal gebeurt bij jou.'

Ze trekt een stoel bij en komt naast me zitten. Samen kijken we op het computerscherm naar de enorme rij mannen die in mij hun droomvrouw zien als ik hen moet geloven. Ik sta nu zestien uur op de site en heb inmiddels 124 reacties binnen.

'Ooooo, die heb ik ook! En die ook!' Sarah wijst een paar foto's aan. Mijn twee favorieten, de Limburger en de Haarlemmer, kent ze niet. Kennelijk vallen zij alleen op blond.

'Mwah, niet verkeerd, Eef. Ik zou even kijken waar het heen gaat. Maar ook weer niet te lang de boot afhouden, want dan hoppen ze zo over naar de volgende.'

Ik kijk Sarah aan. 'Je bent al behoorlijk ervaren, zo te horen. Heb jij al een keer afgesproken met iemand?' Sarah knikt met een gezicht dat boekdelen spreekt. Nu wil ik er alles over weten ook. Snel kijk ik even naar Fleur, maar die is helemaal in haar spel met de pony's verdiept en laat de plastic beestjes over de rand van de tafel springen terwijl ze zachtjes tegen hen praat.

'Laat zien! Met wie dan?' Ik log uit en schuif opzij zodat Sarah kan inloggen onder haar naam. Bedreven zoekt ze in haar account naar haar recente date. 'Dit is hem.' Triomfantelijk kijkt ze me aan. Mijn mond valt open terwijl ik naar de foto staar van een licht getinte man met sixpack die vanaf een tropisch strand uitdagend in de camera kijkt. 'Serieus? Wat een knapperd! Vertel eens dan, hoe ging dat?'

Sarah vertelt hoe ze na wat heen en weer mailen vorig weekend in de auto is gestapt om naar Gouda te rijden voor een spannende date met haar Don Juan. Binnen een uur lagen ze samen in bad en de rest kon ik wel raden. 'En nu, denk je dat het wat gaat worden?' Ik bewonder Sarah om haar dappere actie, zomaar naar een wildvreemde man rijden en daar de nacht doorbrengen.

'Geen idee, daar ben ik ook niet echt mee bezig. Als hij weer wil afspreken, prima. Zo niet, ook goed. Genoeg mannen hier.' Ze klinkt een beetje overmoedig nu.

'Maar voel je er dan niets bij?' Ik speur haar gezicht af, maar ze verraadt niets.

Sarah zucht. 'Weet je, dat is nou precies waar het bij jou telkens misgaat.' Ze stopt even en kijkt me ernstig aan. 'Als er maar iemand naar je lacht en belangstelling voor je toont ben jij direct tot over je oren verliefd en denk je dat het wederzijds is. Maar aandacht en verliefdheid zijn twee verschillende dingen. Sorry hoor, maar ik moest dit gewoon een keer tegen je zeggen. Je bent veel te goed van vertrouwen.' Ze slaat een arm om mijn schouders en trekt me even tegen zich aan. 'Fleur, pak je spulletjes in.' Sarah veegt in één beweging alle roze en mintgroene paardjes op een hoop. 'We gaan er weer vandoor, het vriendinnetje van Fleur komt straks spelen. Maar laat het me weten hè als je een date hebt.'

Na een dag of drie heen en weer mailen komt de Haarlemmer met de mooie ogen met een voorstel. Of ik zin heb om samen vrijdagavond een kopje koffie te gaan drinken. Hij weet een leuk cafeetje in Haarlem en kan me dan wel van de trein halen. Ik vind het heel spannend allemaal. We wisselen onze 06-nummers uit zodat ik hem kan laten weten dat ik ben gearriveerd. Sarah stuur ik een appje met zijn nummer. *Mocht ik verdwijnen dan kun je in elk geval zijn nummer aan de politie geven. Die kunnen hem dan wel traceren*, stuur ik haar. *Gekkie, niet zo raar doen, hoor. Ga tussendoor maar even naar de wc en app me hoe hij is*, stuurt ze terug.

30

Met klamme handen en bonkend hart verlaat ik de trein en loop aarzelend in de richting van de stationshal, ondertussen de omgeving afspeurend. Dan zie ik hem staan, vlak naast de ingang. Ik herken hem direct, maar wat ziet hij eruit! Hij heeft een halflange geelbruine suède lammy coat met bontranden aan en grote puntcowboylaarzen met goudbeslag. Op zijn hoofd draagt hij een opzichtige leren westernhoed. Dat krijg je nou als je alleen maar een pasfoto van iemand ziet. Ik wil rechtsomkeert maken maar hij heeft me al gezien. Zwaaiend komt hij in mijn richting. Er is geen ontkomen meer aan.

'Hi, ik dacht het al. Zo, jij ziet er in het echt hetzelfde uit als op de foto. Dat maak ik niet vaak mee.' Ik ben niet zijn eerste date, dat is wel duidelijk. Hij knipoogt naar me en begroet me dan met drie zoenen. De scherpe geur van zijn aftershave dringt zo plotseling mijn neus binnen dat ik een hoestbui nog net kan onderdrukken.

'Het is niet ver, tien minuutjes lopen.' Hij houdt zijn elleboog uitnodigend in mijn richting, waarschijnlijk in de hoop dat ik mijn arm erdoorheen steek zodat we straks gearmd het café binnenkomen, maar ik negeer het gebaar en blijf naast hem lopen met mijn handen diep in mijn zakken. Ondertussen valt me op dat hij praat met een zwaar Amerikaans accent.

'Je zal het wel horen, denk ik, ik heb namelijk een paar jaar in de States gewoond.' Hij houdt even zijn pas in en kijkt me aan met een zelfingenomen glimlach. Nou nee, dat was me nog niet opgevallen, denk ik. Hoe krijg je het voor elkaar om na een paar jaar zo te praten. Zou hij denken dat vrouwen daarop vallen? We arriveren in het café en gaan aan een tafeltje bij het raam zitten, waar hij een biertje bestelt. Ik hou het bij koffie. Hij heft zijn glas met een 'proost, op onze gezellige avond' en begint vervolgens een monoloog. Niet meer tussen te komen. Na twintig minuten begint het me compleet te duizelen. Waar heeft die man het in godsnaam allemaal over? Dan valt er plotseling een stilte en begint hij een serie vragen te stellen alsof hij een lijstje afwerkt dat hij uit zijn hoofd heeft geleerd. Nog even en hij pakt er een briefje bij, denk ik. Welke boeken ik lees, welke films ik graag zie, of ik van uitgaan houd, of ik rook, alcohol drink, weleens drugs heb gebruikt. Ik besluit hem eerlijk antwoord te geven en het hier en daar een beetje aan te dikken. Het werkt. Ik zie een lichte afkeer in zijn ogen zodra ik hem vertel over housefeesten waar ik zo nu en dan losga op een xtc-pilletje. Hij is daar fel op tegen, zegt hij. Hij had via de mail een ander beeld van mij gekregen. Met name het feit dat ik studeer sprak hem erg aan, maar dit had hij niet verwacht. Mooi zo. Tijd om het af te breken.

'Even naar het toilet, ik ben zo terug.' In de wc vis ik snel mijn telefoon uit mijn tas en stuur Sarah een berichtje. *Afkappen en wegwezen. Kom hierheen*, stuurt ze terug.

'Ik moet zo maar weer eens gaan.' Ik kijk hem aan en zie hoe hij instemmend knikt. 'Ja, dat dacht ik wel. Ik denk niet dat wij echt een klik hebben. Ik loop nog even met je mee naar het station.'

Hij rekent af en wil mijn geld voor de koffie niet aanpakken. Ik bedank hem en trek mijn jas aan. Zodra we buiten staan pakt hij me bij mijn arm. 'Heb je misschien toch geen zin om nog even met me mee naar huis te gaan?' De ondertoon in zijn vraag ontgaat me niet. Dit is toch niet te geloven, hij heeft geen klik met me maar wil me wel meenemen, en volgens mij nou niet bepaald met de bedoeling om een glaasje appelsap te drinken. Ik schud mijn hoofd, neem snel afscheid en zet de pas erin, richting trein, om drie kwartier later gierend van de lach bij Sarah op de bank neer te ploffen, waar we nog lang napraten met een Amerikaans accent.

Ik laat me niet afschrikken door de hilarische ervaring en besluit om verder te mailen met een aantal mogelijk geschikte kandidaten, die zich op hun beurt van hun beste kant proberen te laten zien. Vooral Jay, de gespierde Limburgse kickbokser, maakt er werk van. Hij mailt me iedere dag en stelt na een paar weken een ontmoeting voor, bij mij thuis. Ik twijfel en vraag Sarah om advies. 'Gewoon doen', is haar antwoord. 'Iedereen doet het op die manier. Je gaat toch niet telkens afspreken op tochtige stations?' Ik besluit om ervoor te gaan.

Het is vrijdagavond acht uur als hij voor de deur staat. In het echt is hij minstens zo goed gebouwd als op de foto en zeker een kop groter dan ik. Het kille schijnsel van de galerijverlichting geeft zijn zonnebankbruine huid een vreemde grauwe gloed. Hij begroet me amicaal, zonder een spoor van onzekerheid, en loopt direct door naar de woonkamer.

'Gezellig huisje heb je.' Zijn zachte 'g' klinkt charmant. Hij zit ontspannen achterover op de bank, zijn armen uitgespreid over de rugleuning. De enkel van zijn linkerbeen rust op zijn rechterknie. Mijn blik blijft hangen bij de duur uitziende sneaker met gouden sterretjes op de zijkant. Hij draagt geen sokken. Ik vraag hem of hij iets wil drinken, maar hij gebaart dat ik naast hem moet komen zitten.

'Leuk om je nu eindelijk live te zien en met je te kunnen praten na al die kilometers tekst die we aan elkaar gemaild hebben.' Hij knipoogt naar me en legt een hand op mijn schouder.

'Wat wil je drinken?' probeer ik opnieuw terwijl ik opsta.

'Doe maar een colaatje, heb je dat?'

Ik knik, loop naar de keuken en kom even later terug met een groot glas cola. Voor mezelf heb ik een koude rosé meegebracht. Hij praat nu aan één stuk door, vooral over zijn sport. Kickboksen is zijn leven, hij is van plan om op internationaal niveau door te breken.

'Waarom zit je eigenlijk op een datingsite? Dat heb jij toch helemaal niet nodig?' onderbreek ik zijn monoloog.

'Dat denk je maar', antwoordt hij. 'Door mijn strakke trainingsschema heb ik bijna nooit tijd voor andere dingen.'

Hij vertelt uitgebreid verder over zijn leven als sportman. Een spartaans regime is het, met uitgebalanceerde voeding en een regelmatig leven. Hij drinkt nooit alcohol en roken doet hij ook niet. Vijf keer per week een training van drie uur en elke ochtend hardlopen.

Terwijl hij vertelt merk ik dat zijn arm, die eerst losjes om mijn schouders lag, me steeds steviger tegen zich aandrukt. Dan beginnen we plotseling te zoenen. Ik voel zijn hand op mijn dijbeen. Zijn ademhaling verraadt zijn toenemende opwinding. Ineens laat hij me los, staat op en loopt in de richting van de eettafel. Daar graait hij ongeduldig in de zak van zijn zwarte leren jack, dat nonchalant over een stoel ligt. Ik zie hoe hij er een klein wit papiertje uit vist en in zijn hand houdt.

'Heb je iets van een plastic doosje of zo?' Hij kijkt rond in de kamer en zijn blik blijft hangen op een foto aan de muur. Mijn ouders staan erop, ze zijn net getrouwd en kijken ernstig in de camera. Hij loopt naar de foto, haalt het lijstje van de spijker en legt het plat op tafel. Gebiologeerd kijk ik toe hoe hij het stukje papier openvouwt en er wat wit poeder uitstrooit op het glas van het fotolijstje. Vervolgens haalt hij een bankpas tevoorschijn en schuift het poeder naar elkaar toe tot er vier smalle langwerpige hoopjes liggen. Dan veegt hij het pasje af aan zijn broek, doet het terug in zijn portemonnee en haalt er een briefje van twintig euro uit.

'Doe je mee?' Hij kijkt me onderzoekend aan. Zelfverzekerder dan ik me voel antwoord ik: 'Ja, natuurlijk. Ik heb het alleen nog nooit gedaan.'

'Geeft niks. Ik ben toch bij je?' Hij trekt me naar zich toe en fluistert dan in mijn oor: 'Je gaat dit heel geweldig vinden.'

Ik zie hoe hij het briefje oprolt tot een rietje en vervolgens in één beweging een lijntje poeder opsnuift. Hij snuift nog wat na en wrijft driftig aan zijn neus. Dan buigt hij zich voorover en is zijn andere neusgat aan de beurt. Hij schudt even met zijn hoofd en blaast dan hard uit via zijn mond met een puffend geluid. Dan kijkt hij me aan met een bijna hemelse blik. Ik bibber een beetje van de zenuwen, maar zijn reactie maakt me ook nieuwsgierig. Voorzichtig pak ik het kokertje van hem aan en buig voorover om het spul op te snuiven. Zodra het mijn neus is binnengedrongen voel ik een enorme sensatie, alsof er een pijnloze, aangename explosie plaatsvindt in mijn hoofd. Dit is het dus!

'En jij had het nog nooit gedaan, zei je? Denk je dat ik daar in trap?'

Hij rolt nu over de bank van het lachen. Ineens pakt hij me vast en trekt met een snelle beweging mijn truitje over mijn hoofd. Dan trekt hij zijn shirt, schoenen en spijkerbroek uit en laat alles op de grond vallen. De vrijpartij die volgt begint plezierig en vol passie. Ik zit met mijn rug naar hem toe op de bank en voel hoe zijn handen over mijn rug gaan, mijn bh losmaken en vervolgens uitgebreid mijn nek en schouders masseren. Hij kust mijn hals en likt plagend aan mijn oorlelletje. Ik hoor zijn snelle ademhaling en terwijl zijn handen naar mijn borsten gaan voel ik een tintelende sensatie die kippenvel over mijn hele lichaam veroorzaakt. Ik voel me heerlijk ontspannen en geniet van zijn aanrakingen. Dan, vanuit het niets, merk ik dat Jay verandert. Hij begint zich dominant en agressief te gedragen, knijpt in mijn borsten en trekt ineens mijn hoofd hard achterover aan mijn haren. Vervolgens duwt hij me ruw voorover op de bank neer. Ik schrik me kapot van zijn onverwachte actie en probeer me los te worstelen.

'Hé, hou op, doe even normaal!' Ik schrik van mijn eigen harde stem en graai naar achteren met mijn linkerhand. Hij pakt me nu bij mijn heupen, maar ik weet onder zijn dwingende handen door te duiken. Snel sta ik op. Mijn hart gaat tekeer als een bezetene. Het spul lijkt te zijn uitgewerkt en ik voel me ineens broodnuchter, ondanks de wijn die ik heb gedronken.

'Ik wil dat je weggaat.' Ik voel angst, boosheid en walging terwijl ik hem aankijk. Boosheid omdat hij het kennelijk normaal vindt om op deze manier met vrouwen om te gaan. En walging, van hem, maar vooral van mezelf. Ik had me zo voorgenomen het wat rustiger aan te doen, maar in plaats daarvan heb ik me opnieuw in een roekeloos avontuur gestort.

'Oké, dan ga ik toch. Wat jij wil.' Hij pakt zijn kleren en schoenen en trekt ze snel aan. In zijn ogen is niets meer terug te vinden van de warme genegenheid die ik er een uur geleden nog in meende te zien. Met een nijdige beweging pakt hij zijn jas en loopt met grote stappen naar de gang. Als ik even later de voordeur achter Jay sluit weet ik twee dingen heel zeker: hem wil ik nooit meer terugzien en coke is absoluut niets voor mij.

31

Ik word wakker van geschreeuw buiten, gevolgd door een luid bonzen op mijn voordeur. Als ik de slaap uit mijn ogen wrijf is het eerste dat ik zie het blauwe schijnsel van zwaailichten op de crèmekleurige gordijnen. Voorzichtig gluur ik door de kier tussen de gordijnen. Er staat een politieauto voor de ingang van de flat en er lopen mensen heen en weer. Binnen een paar seconden sta ik in mijn tricot nachthemdje in de gang en kijk door het ronde raampje in de voordeur. Het is Willem! Ik haal de ketting van de deur en trek hem open.

'Pak je jas, wijffie, en snel meekomen naar beneden. Er is weer brand. Ligt je jochie nog te slapen?' Hij wijst op het aan de galerij grenzende slaapkamerraam met de donkerblauwe ruimtevaartgordijnen.

'Nee, hij is bij zijn vriendinnetje dit weekend.' Ik ruk

mijn winterjas van de kapstok, pak mijn laarzen en stap op blote voeten de galerij op. Het beton voelt als ijs onder mijn voetzolen.

'Vergeet je sleutels niet!' Willem roept het zonder om te kijken terwijl hij al bij de volgende deur is om de Turkse familie wakker te maken. Vlug trek ik de deur achter me dicht en ren de trap af, hoestend door de stinkende rook die me tegemoetkomt. Buiten staat al een flinke groep bewoners, de meesten in pyjama. Ik ga bij hen staan en vraag wat er in de fik staat. Iedereen praat door elkaar, niemand geeft me antwoord. Ik zie nergens vuur, maar uit de kelder onder het gebouw komen nu dikke zwarte rookwolken. Hinkend op één been trek ik mijn laarzen aan en rits dan mijn jas tot bovenaan dicht over het dunne, korte hemdje met spaghettibandjes. In de verte hoor ik de sirene van de brandweerauto en even later scheurt het rode gevaarte naar één kant overhellend de straat in. Er vlak achter rijdt een politieauto met zwaailicht. Terwijl de brandweermannen de brandslang uitrollen worden wij gesommeerd een stuk naar achteren te gaan, op veilige afstand van het gebouw. Ik weet niet of het door de spanning komt of door de kou maar ik sta te trillen als een rietje.

Ineens zie ik Willem met grote stappen het trappenhuis uit komen, op zijn arm één van de Turkse kinderen van de buren. De buurvrouw loopt er jammerend achter met de andere helft van de tweeling. In een poging om in de paniek toch nog iets van een hoofddoek te dragen heeft ze een sjaaltje om haar hoofd geknoopt.

'Zo. En bij je moeder blijven, hè.' Willem zet het kind

naast haar op de grond neer en aait het nog even over zijn hoofd. Dan komt hij naar me toe lopen.

'Gaat het een beetje, buuffie? Was weer schrikken, hè, zeker als je al in je mandje lag.' Met een wat onbeholpen vaderlijk gebaar legt hij zijn enorme hand op mijn arm.

'Ja, ik sliep al een poosje. Blij dat ik alleen ben dit weekend, anders had ik Sven ook nog uit bed moeten halen. Wat een ellende weer, dit. Maar ik weet nu nog steeds niet wat er in brand staat.'

'Kwajongensstreken', bromt Willem. 'Wij stookten ook weleens fikkie vroeger, maar niet in een gebouw vol mensen. Dat liet je wel uit je hoofd. Geloof me, het gaat nog eens goed mis hier. Maar dat maak ik niet meer mee, want binnenkort ben ik vertrokken.'

Ik weet niet wat ik hoor. Willem, weg! Mijn enige steun en toeverlaat in deze treurige omgeving, waar het begrip 'veiligheid' een heel andere lading voor me heeft gekregen.

'Waar ga je heen dan?' Ineens valt me op dat hij keurig gladgeschoren is. Zo heb ik hem nog nooit eerder gezien.

'Bij mijn vriendin wonen.' Er klinkt een mengeling van trots en plotselinge verlegenheid door in zijn stem. Hij schraapt met zijn pantoffel over de straattegel, ondertussen naar beneden kijkend.

'Jeetje, Willem, wat leuk voor je! Ik wist er niets van, ken je haar al lang?'

'Mwah, een tijdje. Ze woont in haar uppie op een woonboot en ik heb haar geholpen met wat klussen op die schuit. Nou ja, en van het een kwam het ander. Ik ben blij dat ik hier weg kan, uit die klerezooi. Het fikt hier nog een keer compleet af.'

Misschien heeft het een halfuur geduurd, maar het voelt alsof we al uren buiten staan in de snijdende kou als eindelijk het verlossende woord komt van een van de brandweermannen.

'Jullie mogen weer naar binnen!'

Ik kijk naar de schuifelende menigte die traag in beweging komt richting trappenhuis. Willem wurmt zich ertussendoor tot de ingang, draait zich dan om en steekt zijn hand op.

'Vrouwen en kinderen eerst, mensen. Rustig aan allemaal.'

Als ik even later rillend onder mijn dekbed lig denk ik niet meer aan de brand en wat er allemaal had kunnen gebeuren. De woorden van Willem blijven maar nadreunen in mijn hoofd en houden me tot het vroege ochtendlicht uit mijn slaap.

Mijn vader richt zich moeizaam op om uit zijn speciaal voor hem aangepaste stoel te komen. Ik zie hoe zijn hand zoekend naar de handgreep van de rollator gaat die naast hem staat. Het blauw gestreepte poloshirt zit strakgespannen om zijn buik, die de laatste tijd behoorlijk gegroeid is door het gebrek aan lichaamsbeweging. Snel zet ik mijn kopje neer om hem te hulp te schieten, maar mijn moeder is me voor.

'Wat wil je gaan doen?' Ze staat al bij hem en parkeert de rollator recht voor hem.

'Even naar de wc.' Zijn gezicht vertrekt als hij langzaam rechtop gaat staan en voetje voor voetje, leunend op de handgrepen, richting gang schuifelt. Ik wend mijn blik af.

Wat doet het pijn om hem zo te zien tobben. Hij doet enorm zijn best om opgewekt te blijven, maar heeft zoveel kwaliteit van leven moeten inleveren door die rotziekte. En mijn moeder daardoor ook.

'Thijs en Leonie halen ons morgenochtend op. We gaan ergens koffiedrinken, maar we mogen niet weten waar. Dat is een verrassing.' Ze kijkt me stralend aan.

'Fijn mam. Dat doen jullie goed.'

'Konden Sven en jij ook maar mee. Je vader en ik maken ons zoveel zorgen. Nu weer die brand in de flat, we zijn als de dood dat er iets met jullie gebeurt. Het is toch geen buurt om met een kind te wonen?' Ze kijkt me aan met een nerveuze blik.

'Ik weet het, mam. Zodra ik wat meer zekerheid heb over een baan en vast inkomen, ga ik op zoek naar andere woonruimte. Ik ben me al een beetje aan het oriënteren.'

Wat zou ik hun ongerustheid graag wegnemen, ze hebben al zoveel zorgen.

Ik hoor mijn vader roepen vanaf het toilet.

'Ga maar gauw naar hem toe. Ik heb nog veel te doen, je ziet me snel weer.' Ik druk een kus op haar wang en roep mijn vader gedag. Door een waas van tranen zoek ik in de hal van het aanleunwoningencomplex naar het liftknopje.

32

'Oké, gezellig, dan zie ik je vrijdagavond.' Ik raak het rode knopje op mijn telefoon aan om het gesprek te beëindigen en houd het toestel vervolgens even met gesloten ogen tegen me aan. Kennelijk is het warme gevoel dat zich tijdens het gesprek heeft verspreid door mijn lichaam, van mijn gezicht af te lezen, want zodra ik weer bij mijn positieven kom zie ik hoe Lisette, Sarah en Daniël me vanaf de paarse loungebank van Sarah met grote ogen aan zitten te staren.

'Zo.' Lisette bijt het spits af. Haar lichaamstaal verraadt direct dat ze geen genoegen neemt met de een of andere lulsmoes. 'En wie mag dat dan wel zijn, waar we vrijdagavond mee hebben afgesproken? En waarom weten wij daar niks van?' Ze maakt een nijdig gebaar terwijl ze in een cirkelvormige beweging op Sarah, Daniël en zichzelf wijst. Ik voel hoe het bloed naar mijn wangen stijgt.

'Nou ja, het stelt niks voor. Gewoon iemand die ik online heb ontmoet. We mailen al een poosje. En nu belde hij dus.'

'Ja, en dan spreek je maar meteen af. Verdorie, Eef, ben je die rampzalige date met die kickbokser soms vergeten? Heb je er enig idee van hoe erg wij alle drie geschrokken zijn van dat verhaal? Hij had je wel kunnen wurgen of zo!' Lisettes ogen lijken bijna donkerblauw van woede. 'Ik dacht echt dat wij elkaar alles zouden vertellen.'

De magie van de avond is plotseling opgelost in het niets, de mooie gesprekken en gierende lachbuien hebben plaatsgemaakt voor een ongemakkelijke stilte. Dan springt Sarah overeind en komt naar me toe. Ze slaat haar armen om me heen.

'Hee, niet zo zielig kijken, hoor. Ik weet dat je je soms eenzaam voelt en dat de verleiding dan groot is om contact te zoeken via internet. Dat doe ik zelf ook, alleen ben ik inmiddels wat meer ervaren. We zijn gewoon bezorgd om je.' Ze drukt me even tegen zich aan. 'Vertel eens wat meer over hem. Chris heet hij toch?'

Ik knik. 'Hij stuurde me een hartje, een paar weken geleden. Sindsdien mailen we met elkaar. Ik moet zo vreselijk lachen om zijn droge humor, hij is af en toe echt gek. Daar hou ik van, dat weet je. En hij ziet er leuk uit op de foto. Mooie lach, witte tanden.'

'Enne, hoe oud is Chris?' Daniël kijkt me aan met een vette grijns. 'Hoezo?' Ik probeer zo onschuldig mogelijk terug te kijken, maar hij trapt er niet in. Even later zitten we met z'n vieren achter Sarahs computer om de profielfoto van Chris op de datingsite te zien.

'Ja, ik weet het. Hij is wel erg jong. Maar híj stuurde míj toch een berichtje? Ik kan er ook niks aan doen, zo gaat het elke keer.'

Sarah kijkt me lachend aan. 'Ach, wat kan jou het schelen. Kennelijk is dit wat nu bij je past. Gewoon van genieten en niet te veel over nadenken. Maar vrijdagavond laat je me wel weten hoe het gaat, hoor. Ik sta zó bij je voor de deur als er iets is.'

Zijn laatste berichtje heeft hij ruim een uur geleden gestuurd. *Ik rij nu weg*, stond erin. Ik loop nerveus heen en weer door de kamer. Misschien heeft hij file onderweg. Vanuit Rotterdam kan het toch niet meer dan een uurtje rijden zijn? De bel gaat. Nerveus doe ik de deur open. Daar staat hij, de jongen met de mooie lach. Ik had hem veel langer verwacht, maar we zijn even groot. Oké, ik heb hakken aan, dat scheelt natuurlijk wel.

'Lekker bochie, as je hier van de snelweg afkom. Man, ik lag ter bijna uit!'

Ik schiet in de lach. Heerlijk, dat plat Rotterdamse accent. Ik vind het nu al leuk. Dan begroet hij me met drie zoenen. Hij ruikt net zo fris als hij eruitziet. Als hij doorloopt naar de kamer zie ik dat hij een canvas postmanbag bij zich heeft, die hij keurig naast de bank zet. Ik vraag me onmiddellijk af wat erin zit maar zeg niets. Even later zitten we met een drankje naast elkaar. Het gesprek stokt steeds, van de gekke verhalen via de mail is niets meer over. Na een uur besluit ik het over een andere boeg te gooien.

'Volgens mij zijn we allebei een beetje gespannen. Ik was tenminste best zenuwachtig omdat je zou komen', probeer ik.

'Ja man, ik ben de hele dag al strontnerveus. En nu, pfff... ik had gewoon nie gedacht dat je in het echie ook zo mooi zou zijn.' Hij lacht een beetje verlegen en neemt snel een slok cola.

Ik kijk hem aan en ga verder: 'Zou je het leuk vinden om samen iets te nemen? Een kwartje of zo?'

Hij kijkt me met grote ogen aan. 'Bedoel je xtc? Ik weet niet of ik dat durf.'

Ik sta op en haal een pilletje uit mijn tas, dat ik vervolgens op de breukstreep in tweeën breek. 'Doen?' Ik kijk hem aan, hij knikt. Ik bijt het halfje door en geef een stukje aan hem. Samen spoelen we het stukje instant geluk weg en krijgen vervolgens de slappe lach.

'Zooo, jij ben ook nie wijs, hè, ik weet nie wat ik verwacht had, maar dit in elk geval nie.'

Uit mijn mobiel klinkt het geluid van een whatsappberichtje. Het is Sarah, die wil weten of alles goed gaat. 'Even mijn vriendin antwoorden', zeg ik tegen Chris. 'Ze wil weten of alles goed is.'

'Waarom dan?' Hij kijkt me een beetje wantrouwend aan en ik begin te vertellen over mijn vorige date. 'Serieus? Wat een eikel!' De diepe frons in zijn voorhoofd verraadt zijn oprechte woede.

'Nou snap ik wel dat je nerveus was. Maar zo ben ik ech nie.'

Het ijs is gebroken. Ik kijk hem aan en zie de voor mij

inmiddels zo bekende verandering. De vergrote pupillen, de ontspannen glimlach, de verliefde blik. Hij slaat zijn arm om mijn schouders, trekt me tegen zich aan en geeft me een kus op mijn slaap. 'Lekker wijffie ben je.' Dan laat hij me los en schuift naar voren op de bank. 'Luister, ik ken aardig masseren, zou je dat willen?' Hij wacht mijn antwoord niet af maar pakt zijn tas, opent de klep en haalt er een flesje uit. 'Ik heb een lekker olietje meegenomen voor je.'

Even later lig ik op mijn buik op een badlaken op mijn bed terwijl de bedreven handen van Chris mijn nek, schouders en rug masseren. Zorgvuldig maakt hij de haakjes van mijn bh los om mijn rug onder handen te nemen, om ze even later weer netjes te sluiten. Ik zak langzaam weg in een toestand ergens tussen dromen en waken.

'Hee, ben je vertrokken?' Chris kijkt me lachend aan. 'Volgens mij vind je het best lekker.' Ik kom overeind en pak mijn shirtje van het bed. Terwijl ik het aantrek hoor ik hem zeggen: 'Ik ga zo maar weer es richting huis. Tis best nog een stukkie rije.'

Bij de deur pakt hij me vast en zoent me. 'Binnenkort kom ik weer, goed?' Ik knik zonder iets te zeggen. Even later hoor ik het geronk van zijn startende auto. Best flink geluid voor zo'n klein bakkie, vast een opgevoerde motor. Bij het wegrijden zwaait hij uitbundig naar me met zijn arm uit het raampje. Ik loop terug de kamer in en plof neer op de bank. Uit mijn telefoon klinkt het bericht van een appje. *Ik ben echt gek op jou,* lees ik.

De dagen erna hebben Chris en ik regelmatig appcontact. Ik merk aan alles dat hij graag weer naar me toe wil komen, maar weet ook dat het dan niet bij een massage en een zoen zal blijven. De innerlijke tweestrijd maakt me onrustig. Aan de ene kant wil ik graag zijn aandacht en geven zijn complimenten en seksueel getinte insinuaties me een goed gevoel, aan de andere kant ben ik bang om verliefd op hem te worden, wetend dat dat toch weer tot niets gaat leiden. Na een week heeft hij me om. Ik wacht af tot Sven naar Mylène gaat en vraag hem dan om naar me toe te komen. Hij wil graag weer samen een pilletje nemen. Het wordt zoveel beter dan de eerste keer, er ontstaat onder invloed iets heel bijzonders tussen ons. Die avond vraagt hij me ook of ik bereid ben iets speciaals voor hem aan te trekken. Ik heb eerst geen idee waar hij het over heeft, maar als hij me op de computer een website laat zien die kinky laarzen en kleding verkoopt, valt het muntje. In de ongeremde en verliefde stemming van de avond stem ik in met zijn plan. Een week later, op zaterdagochtend, wordt er een pakket bezorgd met een paar dijbeenhoge zwarte laklaarzen met naaldhakken, en een zwart kanten body die weinig aan de verbeelding overlaat. Wankelend op de twaalf centimeter hoge stiletto's staar ik naar mijn spiegelbeeld, naar de kant van mezelf die ik nog niet kende maar die me behoorlijk nieuwsgierig maakt. Dan maak ik een selfie en stuur hem naar Chris. *Wow! Vanavond!*, is het enige antwoord.

Chris blijft het hele weekend. Mijn eerste ervaring met seks in erotische kleding is er een om nooit te vergeten.

Voor het eerst maak ik mee wat een vrouwenlichaam in een kinky outfit met een man kan doen. Chris kijkt naar me als een kleine jongen voor een vitrine met huisgemaakt Italiaans ijs. Mijn aanvankelijke gêne maakt snel plaats voor een aangenaam machtsgevoel. We vrijen, kunnen niet stoppen met praten en lachen, eten chips in bed en vallen uiteindelijk tegen de ochtend in slaap.

Het is zondagmiddag tegen tweeën als ik wakker word van het geluid van een sleutel in het voordeurslot. Ik kijk naar Chris, die op zijn buik naast me ligt te slapen, het dekbed half over zijn naakte lichaam. Snel glip ik uit bed, trek mijn badjas aan, doe de deur van de slaapkamer zachtjes achter me dicht en loop de gang in. Sven komt me tegemoet. De rode vlekken rond zijn ogen verraden dat hij gehuild heeft.

'Lieverd, wat is er aan de hand?' Ik pak hem bij zijn schouders. Hij slaat zijn armen om me heen en legt zijn hoofd tegen het mijne.

'Beetje ruzie met Mylène, mam, niks bijzonders. Had je mijn berichtje niet gelezen?' Hij tilt zijn hoofd op en kijkt me aan.

'Sorry schat, ik sliep nog. Het is een beetje laat geworden.'

Beschaamd wend ik mijn gezicht af. Sven loopt door, de kamer in. Ik volg hem terwijl mijn hart in mijn keel bonkt. Er staan twee lege glazen op tafel en een volle asbak. Onder de tafel staat een paar schoenen die overduidelijk niet van mij zijn. Sven draait zich om en wil iets zeggen maar op dat moment gaat de slaapkamerdeur open. Chris komt in zijn boxershort en T-shirt de kamer in en loopt met uitgestoken hand op Sven af.

'Hee man, jij moet Sven zijn. Leuk om je te ontmoeten.'

Sven mompelt iets terug en kijkt dan van de een naar de ander.

'Koffie?' Ik forceer een glimlach en loop snel richting keuken. Sven komt achter me aan. Ik hoor hoe Chris in de kamer een sigaret opsteekt.

'Hé mam, hoe kom je aan die gast?' sist Sven, terwijl hij met gefronste wenkbrauwen vlak voor me staat.

'Kunnen we het daar straks over hebben als hij weg is?' Ik duw hem opzij om de Senseo aan te zetten. Even later zitten we alle drie op de bank met een beker koffie. Chris heeft intussen zijn jeans aangetrokken. Ik zie dat hij zich ongemakkelijk voelt.

'Ik maak even iets te eten. Zal ik een eitje bakken?' Terwijl ik richting keuken loop hoor ik hoe Chris met zijn Rotterdamse accent tegen Sven begint te praten.

'Zo gozert, dus jij ben een gamer? Je moeder vertelde het. Wat speel je?'

De rest van het gesprek ontgaat me door het gesis van de eieren in de koekenpan, maar als ik even later met een paar dampende borden de kamer in kom, zijn ze allebei vertrokken richting het kamertje van Sven. Ik hoor schietgeluiden en als ik dichterbij kom hoor ik Chris zeggen: 'Gaaf kamertje, en mooi pc'tje heb je. Flinke geheugenkaart zeker?'

Na het late ontbijt vertrekt Chris. Bij het afscheid zegt hij nog: 'Als je nou weer een keer een avondje naar Fiomaro wil laat het dan effe weten, dan regel ik dat je op de gastenlijst komt. Een maatje van me werkt daar.' Bij de voordeur kust hij me snel gedag en verdwijnt dan. Sven brengt de rest van de middag door achter zijn computer. Ik doe nog een poging om met hem te praten over de ruzie met zijn vriendin, maar hij wimpelt het af met een nors 'laat maar'.

33

De al dente gekookte elleboogjes macaroni glibberen uit het vergiet in de pan met bolognesesaus. Ik ben net begonnen om het hele zaakje door elkaar te scheppen als de deurbel gaat. Sven reageert niet op mijn vraag of hij even wil kijken wie het is. Die zit natuurlijk weer te gamen met zijn koptelefoon op. Zuchtend plant ik de houten spatel rechtop in de pan en loop de gang in. Als ik de voordeur opendoe kijk ik recht in de betraande ogen van Miguel.

'Jeetje, kom gauw binnen!' Ik pak hem bij zijn arm en trek hem de gang in. 'Wat is er gebeurd?'

Kennelijk heeft Sven toch in de gaten gekregen dat er iets aan de hand is. Hij komt zijn kamer uit. Samen luisteren we zittend op de bank naar Miguel, die een onsamenhangend verhaal begint te vertellen waarin woede en verdriet elkaar afwisselen. Al snel wordt me duidelijk dat hij flink ruzie heeft gehad met zijn vader en niet meer terug kan naar huis. Sven slaat een arm om de schouder van zijn vriend. 'Het komt goed, man.' Hij kijkt me ondertussen even aan.

'Ik heb het eten net klaar, laten we eerst maar zorgen dat we iets binnenkrijgen en ondertussen een plan bedenken.'

Na het eten bel ik Lisette om te vragen of ik haar luchtbed en slaapzak mag lenen. Ik weet dat ze een keer zo'n hoog velours tweepersoonsluchtbed heeft gekocht.

'Ik leg het straks wel uit, dan kom ik er nu aan.' Ik hang op en pak mijn jas. Lisette staat al in de deuropening als ik voor haar huis stop.

'Wat is er aan de hand? Toch niks met Sven?' Ze kijkt me vragend en ongerust aan. Ik vertel haar over Miguel die niet naar huis kan en voorlopig bij ons blijft.

'Eef, dat kan toch niet? Je hébt al bijna geen ruimte. En je hebt het hartstikke druk met je studie, hoe wil je dat gaan doen dan?'

Ik wimpel haar bezwaren weg. 'Ik kon die jongen toch niet buiten laten staan?'

Het is tegen elven 's avonds als de keuken is opgeruimd, de meubelen aan de kant zijn geschoven en het luchtbed opgepompt midden in de woonkamer ligt. Mijn kleine computertafeltje is opgeschoven naar het uiterste hoekje van de kamer. Doodmoe plof ik even later in bed en val in een diepe, droomloze slaap die eindigt door het meedogenloze gepiep van mijn wekker in de vroege ochtend. Ik zet hem uit en loop slaperig in mijn nachthemd de keuken in. Eerst maar even koffie en dan snel douchen en aankleden. Het is woensdag, dat betekent van negen tot halftwee werken op de administratie van het tuincentrum en om halfdrie het eerste college in Amsterdam. Als ik even later de woonkamer in loop met de hete koffiemok struikel ik bijna over het luchtbed. Helemaal vergeten! Miguel wordt er wakker door en rekt zich geeuwend uit.

'Hoi, heb je een beetje geslapen? Wil je ook koffie?' Ik reik hem mijn beker aan en loop zelf terug voor een nieuwe. Even later zitten we samen op de bank.

'Misschien is het handig om het luchtbed rechtop te zetten tegen de muur. Dan hebben we hier tenminste weer wat loopruimte. Ik zal je zo een handdoek geven om te douchen en dan moeten we daarna maar eens kijken wat handig is. Je hebt hier helemaal niets, geen kleding, geen toiletspullen.'

Miguel knikt. 'Ik kan straks wel even naar huis, mijn pa is er toch niet. Die is naar zijn werk. Dan haal ik alles op. Ik vraag wel of Sven meegaat, dan kan hij ook een tas nemen.' Ik voel paniek opkomen, maar duw het uit alle macht weg. Die jongen moet gewoon geholpen worden.

Compleet versleten kom ik laat op de avond weer thuis. Mijn hoofd zit vol met alle theorie die de afgelopen uren over me is uitgestort en nog na gonst tot in de verste uithoeken van mijn hersenen. Gelukkig heb ik veel aantekeningen, morgen als ik thuiskom uit mijn stage maar direct uitwerken nu het nog vers is. Ik hoor Sven en Miguel praten in de woonkamer en loop naar de koelkast om iets te drinken te pakken. Op het aanrecht zie ik een enorme plastic bus staan met een of ander eiwitpoeder om shakes van te maken. Dat is waar ook, Miguel doet aan krachtsport. De kleine koelkast ligt vol met eieren, kipfilet en groenten en aan de resten op het gasstel te zien is er vanavond ook al iets gekookt.

'Willen jullie ook iets drinken?' Ik steek mijn hoofd om de hoek van de kamerdeur en krijg de schrik van mijn leven. De hele kamer is gevuld met spullen van Miguel. Over alle eetkamerstoelen hangt kleding, de eettafel is bedekt met toiletspullen, boeken en andere spullen en langs de muur staan schoenen en tassen. Alleen de twee bankjes en het smalle looppad ervoor zijn nog vrij, verder is het onmogelijk om door de kamer te lopen. Het computertafeltje is volledig ingebouwd en onbereikbaar. Ik wil zeggen dat het zo niet te doen is met z'n drieën in de kleine flat, maar Miguel kijkt me aan met een dankbare blik in zijn ogen.

'Echt superfijn dat ik hier mag blijven, jullie zijn geweldig.' Hij kijkt van mij naar Sven, die direct antwoordt: 'Logisch toch, je bent mijn vriend. En vrienden laat je niet in de kou staan.'

Broederlijk slaat hij Miguel op zijn schouder.

Er volgen een paar chaotische weken hoewel ik probeer om alles zo goed mogelijk te organiseren. Ik kook grote pannen eten en was stapels shirts, broeken, ondergoed, sportkleding en handdoeken, die vervolgens weer in de weg hangen aan het wasrek dat bij gebrek aan ruimte in de hal staat, waardoor de deur van de wc amper open kan. De vriendengroep van Sven komt regelmatig 's avonds langs, twee banken vol boomlange knullen die zo nu en dan een jointje roken omdat ik liever heb dat ze dat hier doen dan ergens op straat. Het contact met Chris staat op een laag pitje. Hij is nog wel een keer bij me geweest toen ik een avond alleen thuis was, maar een weekend samen zit er voorlopig niet in. Ook al zegt hij dat hij het begrijpt, ik hoor steeds minder van hem en mijn appjes beantwoordt hij nauwelijks. Ik merk dat mijn studie onder de situatie begint te lijden. Er is te veel onrust om me heen, ik kan me onmogelijk concentreren.

Lisette komt bij ons eten op een woensdagavond. Met z'n vieren zitten we met onze borden op schoot op de bank. Van mijn principe om altijd aan de eettafel te eten is weinig meer overeind in deze wanorde. Zelfs de tv staat aan tijdens het eten waardoor het gesprek regelmatig stokt.

'Zullen we vrijdag weer eens gezellig met z'n tweetjes een avondje uitgaan? Dat is alweer een hele tijd geleden.' Ik hoor een licht verwijt doorklinken in Lisettes stem. Ze kijkt me afwachtend aan. Snel werp ik een blik op Sven die afwezig kauwend naar de tv staart.

'Sven, vind jij het goed als ik vrijdagavond uitga? En blijven jullie dan gezellig samen thuis? Dat zou ik wel fijn vinden.' De jongens knikken allebei zonder me aan te kijken.

'Oké, dat is dan afgesproken.' Lisette kijkt me triomfantelijk aan. 'Gaan wij eens even lekker los in onze favo club.'

Ik stuur Chris direct een berichtje. Ook al hoor ik weinig van hem, hij houdt zich aan zijn belofte en zorgt ervoor dat Lisette en ik op de gastenlijst van Club Fiomaro komen te staan. Op mijn vraag of hij ook komt krijg ik een vaag antwoord.

34

Het is vrijdagavond elf uur, Lisette en ik staan in de rij voor de ingang. Na het fouilleerritueel halen we een drankje en storten ons dan vol overgave op de dansvloer. Het interieur is veranderd sinds de laatste keer dat ik hier was. Tegen de wanden hangen spiegels en de bar is nu futuristisch wit met gekleurde neonverlichting in paars en blauw. Hij steekt fel af tegen de verder zwarte wanden en het donkere plafond.

In het midden van de dansvloer staat een vierkant massief wit blok van zo'n anderhalve meter hoog. Aan één kant zie ik een steil oplopend trapje dat lijkt te zijn uitgehouwen in het blok. Erbovenop staat een schaars gekleed meisje uitdagend te dansen. Lisette en ik laten ons helemaal gaan op de opzwepende muziek. De dj lijkt het te begrijpen en draait achter elkaar mijn favoriete nummers.

Ik geniet met volle teugen van mijn vrije avond, waar ik na weken vol stress en zorgen zo hard aan toe was. Af en toe sluit ik mijn ogen en zuig de muziek in me op. Ineens pakt Lisette me bij mijn hand.

'Kom, nu zijn wij!' Ze wijst naar het blok en trekt me mee. Ik zie hoe het meisje voorzichtig langs het trapje afdaalt. Overmoedig volg ik Lisette omhoog en pak haar hand om vanaf de laatste trede op het kleine platform te stappen. We passen er maar net samen op. Ik wankel heel even op mijn hakken. Neerkijkend op de dansende menigte voel ik hoe de adrenaline door me heen kolkt. Als we beginnen te dansen zie ik om ons heen de uitgestrekte handen van mensen die ons toejuichen. Als in een roes volg ik de sensuele bewegingen van Lisette, wij samen *on top of the world*. Laat dit nooit meer ophouden!

In de menigte zie ik haar staan, de blonde Venus met haar indrukwekkende kuif. De vrouw die me maanden geleden op mijn schoudertattoo kuste in het damestoilet. Haar perfecte lichaam wordt omhuld door een zwart leren mini-halterjurkje met vetersluiting voor. Zwarte dijbeenhoge laarzen. Haar voeten kan ik niet zien tussen de dansende menigte, maar aan haar bewegingen te zien zitten er heel hoge hakken onder. En die borsten, zouden ze echt zijn? Bijna onmogelijk. Ze komt dansend dichterbij en wuift even naar me met een brede glimlach. Ik lach terug. Mijn voeten beginnen pijn te doen maar ik negeer het. De dj draait net een bekend hardtrance nummer waar ik gewoon op móét dansen. Zodra het is afgelopen gebaar ik naar Lisette en een voor een dalen we langs het smalle trapje af. Lisette ziet een bekende en blijft staan praten, maar ik loop tussen de deinende menigte door in de richting van de loungeroom. Ergens in een nis zie ik een vrije plek op een wit kunstleren bankje. Ik laat me op de zachte zitting vallen, strek mijn benen uit en laat me een beetje onderuitglijden. De vermoeidheid die ik de afgelopen uren heb genegeerd slaat onmiddellijk genadeloos toe. Terwijl ik mijn ogen dichtdoe voel ik hoe de spieren onder mijn voeten zich venijnig samentrekken nu ze even pauze hebben. Er komt iemand vlak naast me zitten. Ik open mijn ogen en kijk naast me, in het gezicht van de blonde vrouw. Zelfs in het donker zijn haar vergrote pupillen goed zichtbaar. Ze kijkt me stralend aan, dan pakt ze plotseling mijn gezicht met beide handen vast en zoent me op mijn mond.

'Ik hoopte al dat ik je weer zou zien.' Ze pakt nu mijn hand. Mijn brein probeert zich op de achtergrond de naam te herinneren van de zware geur die haar omringt. Het is een duur merk, maar op dit moment protesteert mijn maag bijna zodra hij mijn neus binnendringt. Even sluit ik opnieuw mijn ogen in een poging de vlaag van misselijkheid te onderdrukken. Dan voel ik hoe een hand mijn klam geworden haren uit mijn ogen strijkt. Ik kijk haar aan en vraag: 'Hoe heet je eigenlijk?' Ze lacht weer naar me.

'Angel, en nee, het is niet wat je denkt. Ik vind je echt een schatje maar ik val niet zo op vrouwen. Je intrigeert me gewoon. Toen ik die tekst op jouw schouder zag voelde ik een soort sisterhood, denk ik.' Ze pakt mijn blote linkerschouder en trekt me een stukje overeind zodat ze ernaar kan kijken. Dan gaat ze verder.

'Ik ben eigenlijk wel een beetje klaar met mannen. De meesten hebben volgens mij de seksuele intelligentie van een kokosnoot. Als er maar haar op zit en het is van binnen nat, dan is dat voor hen genoeg om er bovenop te klimmen. Maar hoe vaak kom je nou een man tegen die het echt snapt? Die begrijpt dat het zo niet werkt bij vrouwen?'

Angel stopt even en kijkt me onderzoekend aan, alsof ze wil checken of ik wel luister. Ik glimlach even naar haar, me ondertussen afvragend waar dit verhaal naartoe gaat. Sommigen kunnen onder invloed zo eindeloos doorgaan met praten.

'Ik word er soms zo moe van, een beetje faken om ervoor te zorgen dat hij denkt dat hij de beste minnaar van deze planeet is. Waarom doen we dit?' Ze gebaart nu driftig en verheft haar stem een beetje. 'Zijn we echt zo bang dat we anders niet meer interessant genoeg zijn? De meeste vrouwen willen toch het liefst alleen maar echte liefde en een beetje aandacht? Maar bij de meeste mannen is volgens mij het ideaalbeeld van de vrouw compleet ingekleurd door de porno-industrie. Vrouwen die in allerlei standjes met halfopen mond een beetje liggen te hijgen en kreunen terwijl je als vrouw direct herkent: die is op dit moment gewoon aan het nadenken over het boodschappenlijstje voor het avondeten. Ik kan er gewoon niet naar kijken.'

Ze zucht diep en kijkt voor zich uit. Even denk ik dat ze de draad kwijt is en stopt, maar dan vervolgt ze haar monoloog.

'Weet je, ik ben er gewoon achter. Je hebt twee soorten mannen. De spannende hunk, die ons een hogere hartslag bezorgt zodra hij je aankijkt. Er is altijd iets heerlijk geks met hem te beleven, maar hij kan ook zomaar uit je leven verdwijnen, om dan na een tijdje zonder tekst en uitleg weer op te duiken. En je hebt de labrador, de trouwe hond die altijd voor je klaarstaat, je op handen draagt en het liefst op zaterdagavond met je op de bank wil zitten.'

Angel stopt even terwijl ze haar borsten een beetje ophaalt zodat ze beter uitkomen in haar diepe decolleté. Dan ratelt ze weer door.

'Ik heb zo vaak gedacht dat ik mijn prins had gevonden. Zo'n prachtige man, mysterieus, sensueel, in voor alles. De eerste tijd liep ik met mijn hoofd in een roze wolk, maar na een poosje merkte ik telkens dat er iets veranderde. Ik wilde er niet aan, maar diep vanbinnen wist ik al dat de eerste haarscheurtjes in de relatie kwamen en dat zijn aandacht begon te verslappen. Herken je het?'

Ik knik naar haar, niet in staat om iets te zeggen op deze spraakwaterval. Er komt geen eind aan. Mijn aanvankelijke interesse begint nu plaats te maken voor irritatie. Ik wil opstaan, maar ze pakt mijn arm, duwt me terug op de bank en gaat verder.

'En dan begon het. Ik raakte in paniek en begon hem vragen te stellen. Hij noemde dat claimgedrag. Niet lang daarna begon hij afspraken niet na te komen en mijn berichtjes werden niet meer beantwoord.' Ze zucht weer en kijkt even voor zich uit. 'Dus bedacht ik dat het misschien beter zou zijn om voor de labrador te gaan.' De grimas die ze erbij trekt spreekt boekdelen. 'Nou ja, je snapt het wel. Ik zaterdagavond op de bank voor de tv, schoonouders op de koffie. Dat gaat hem natuurlijk ook niet worden.'

Er valt even een stilte. Eindelijk, ze is klaar met haar zwamverhaal. Ik kom snel overeind en voordat Angel verder kan gaan roep ik: 'Goed nummer dit, ik ga weer dansen.'

35

'Die mensen bij wie ik vroeger weleens op de kinderen paste, je weet wel, met die drie jongens, die hebben gevraagd of ik op hun huis wil passen. Ze gaan op vakantie.' Lisette kijkt me triomfantelijk aan.

'Ze hebben een sauna en een jacuzzi. Vanaf volgend weekend heerlijk drie weken pure luxe! Ik kan niet wachten.'

'Dat kan ik me voorstellen, tof dat ze dat aan je gevraagd hebben.' Even denk ik terug aan de luxe villa waar ik tot een paar jaar geleden heb gewoond. We hadden geen sauna of jacuzzi, maar de luxe badkamer mis ik nog steeds.

'Nou had ik zo gedacht', gaat Lisette verder. 'Misschien is het leuk om zaterdag een gezellig avondje te doen. Vraag ik Sarah, Miles en Daniël ook.'

'Vinden die mensen dat wel goed dan als ze weg zijn?'

'Geen probleem, ze hebben gezegd dat ik best een paar vrienden mag uitnodigen. Ze zijn hartstikke blij dat hun huis niet leeg staat. Er wordt heel veel ingebroken in die buurt.' Lisette pakt haar telefoon om de anderen te appen. Vrijwel onmiddellijk klinkt het eerste piepje als reactie. Het is Miles.

'Of er een thema is, vraagt hij.' Lisette kijkt me met een ondeugende twinkeling in haar ogen aan. 'Wat zullen we doen? Jij hebt nu van die spannende kleding en laarzen, toch?'

Snel typt ze een antwoord. Dan houdt ze het scherm voor me. *Lak en leer*, lees ik. Voordat ik iets kan zeggen heeft ze al op 'verzenden' gedrukt. Miles reageert direct met *Ik ben vóór!*

Het is zaterdagavond acht uur. Lisette en ik hebben boodschappen gedaan en zitten op de zwartleren loungebank te wachten op de anderen. De weekendtas met sexy kleding en laarzen heb ik in de hal bij de entree gezet. Ik ken de mensen niet die hier wonen, maar ze hebben wel smaak. Begrijpelijk dat ze graag een oppas voor hun huis wilden, er staat genoeg dat een inbraak waard is. Er hangt een peperdure tv aan de muur en overal waar ik kijk zie ik kunst. Het zijn duidelijk liefhebbers van Herman Brood. Alleen al in de woonkamer tel ik drie van zijn werken.

'Wil je het boven ook even zien?' Lisette staat op en loopt al naar de deur. De moderne spiltrap in de hal leidt naar een soort vide. Het valt me nu pas op dat het huis in het midden een doorkijk heeft tot aan de punt van het dak, precies in het midden. Vanaf de vide, die bijna rondom loopt, kijk je zo de woonkamer in. Er grenzen vier riante slaapkamers aan en een badkamer die doet denken aan een wellnessruimte in een luxe hotel.

'Hebben ze eigenlijk geen camera's hangen?' Ik speur alle hoeken af, maar het enige dat we kunnen ontdekken zijn twee bewegingsmelders.

'Ja, jeetje!' Lisette begint te lachen. 'Ik vergat gisteren meteen al om het alarm af te zetten toen ik binnenkwam. Dan gaat er een melding naar een centrale, die belden of alles goed was.'

De deurbel gaat. Lisette doet open en Daniël komt de kamer binnen met een vette grijns. 'Wordt het een feestje mét of zonder?' Hij wacht het antwoord niet af maar houdt een klein plastic zakje omhoog met een stuk of tien witte pillen. 'Goed spul.' Ik zie hoe hij het zakje weer in zijn broekzak stopt. Even later staan Sarah en Miles voor de deur, allebei met een paar grote plastic tassen.

'Ik heb Saar maar even opgehaald, het was zo'n gesjouw anders.' Miles zet zijn tassen op de grond en kijkt de kamer rond met een goedkeurende blik.

'Wat hebben jullie in hemelsnaam allemaal bij je?' vraagt Lisette.

'We deden toch een thema vanavond? Ik had nog wat interessante spullen die jullie misschien wel willen passen.' Miles trekt bij wijze van voorproefje een strak ogende leren motorbroek uit een van de tassen en houdt hem omhoog.

'Wacht even, we doen toch eerst koffie? Of willen jullie liever gelijk aan de drank?' vraagt Lisette vanuit de keuken.

'Euhh... wat dacht je van een paar kannen water?' Daniël legt het zakje pillen op tafel.

'Ik had het kunnen weten', lacht Sarah. 'Hee mensen, ik moet wel werken morgen, hè. Ik kan het niet te gek maken.'

Een uur later hangen we alle vijf ergens onderuitgezakt op de loungebank druk met elkaar te kletsen. Ondertussen knalt harde trancemuziek uit de speakers. Ineens springt Sarah overeind. 'Kom, we gaan verkleden', zegt ze. Ze schudt de plastic tassen leeg op de grond en graait in de stapel zwarte kleding, schoenen en laarzen. Ik loop naar de hal en sleep de weekendtas de kamer in met de hele outfit die Chris voor me heeft gekocht. Hij moest eens weten. Nou ja, dan moet hij maar wat vaker iets van zich laten horen. Ik doe gewoon waar ik zin in heb, dat doet hij kennelijk ook. Misschien is hij alweer met de volgende aan het daten. Inmiddels weet ik wel een beetje hoe het gaat in de wereld van de datingsites.

Sarah, Lisette en ik verdwijnen naar de hal waar we ons voor de spiegel uitdossen in een outfit waar menige dame op de Wallen jaloers op zou zijn. Sarah heeft zich in de motorbroek gehesen die niet groter dan een kindermaat kan zijn. Erboven draagt ze een korte leren bustier die van voren sluit met een rits. Het staat haar geweldig, vooral met de pumps met hoge hakken eronder. Zelfs de meest strakke kleding veroorzaakt bij haar niet het minste vetrolletje. Ook Lisette heeft een strakke broek aangetrokken van zwart kunstleer. Het topje van netstof met daaronder een zwartkanten bh past er perfect bij. Samen kijken ze toe terwijl ik mijn tas openmaak en de inhoud op de grond uitstal.

'Ooooh!' Lisette pakt een laars op en bekijkt hem aan alle kanten.

'Dus dit trek jij aan als die Chris van je bij je is?'

Ik knik en begin me uit te kleden tot ik alleen mijn zwarte lingeriesetje nog aanheb. Dan trek ik een kort zwart lakrokje en kanten topje aan en probeer de zwarte dijbeenhoge laklaarzen aan te trekken. Het valt niet mee om op één been te staan als je niet helemaal helder bent, maar leunend tegen de muur lukt het me toch om de ritsen tot bovenaan dicht te krijgen.

Met z'n drieën bekijken we giechelend het resultaat en gaan dan terug de kamer in, waar Miles en Daniël ons met uitpuilende ogen bekijken.

'Wow!' Daniël pakt zijn camera en begint als een gek te klikken terwijl hij om ons heen loopt. Miles zegt niet veel, maar kijkt ons met een tevreden blik aan.

'Doen we er nog eentje?' vraagt Daniël terwijl hij het zakje pillen weer uit zijn broekzak haalt. Hij legt er vier op tafel en kijkt met een frons naar het zakje. 'Ik denk dat de laatste een beetje verpulverd is.'

'Die neem ik dan wel, het geeft niet.' Ik pak het zakje van hem aan en strooi de inhoud in een laagje water. Snel drink ik het op en schenk het glas weer vol om de vieze bittere smaak weg te spoelen. Dan laat ik me achterover op de bank zakken om even rustig af te wachten tot de vibe weer terugkomt.

'Fuck!' Daniël zit ineens rechtop en kijkt me verschrikt

aan. 'Ik denk dat het er twee waren. Ik had er voor de zekerheid eentje extra bijgedaan.'

Ik begrijp niet waar hij het over heeft. Hoezo twee?

'Jeetje, wat stom! En nu?' Lisette staat voor me en kijkt me aan.

'Hoe voel je je?' vraagt ze. Dan dringt het tot me door, ik heb gewoon twee pillen tegelijk genomen.

'Heb ik nu een overdosis? Moeten we iets doen?' Ik merk dat ik me ongerust begin te voelen, maar Miles sust de boel.

'Ik zou gewoon even afwachten. Misschien valt het mee.'

Mijn telefoon gaat. Ik kijk naar het scherm maar kan niet lezen wie het is. De letters gaan alle kanten op.

'Met Eva.' Ik luister ingespannen. Het is Laurens. Ik ken hem nog van Oud en Nieuw en ben hem een tijdje geleden weer tegengekomen op een feest. Hij vraagt hoe het gaat. Ik vertel hem dat we een thuisfeestje hebben en vraag of hij zin heeft om te komen. Hij lacht en zegt: 'Ik dacht al zoiets te horen. Wat is het adres?'

Hulpeloos kijk ik de anderen aan. 'Hoe heet het hier? Ik bedoel deze straat en zo?'

Lisette begint te gieren van de lach. 'Hoe ben je hier dan gekomen?' Ze noemt het adres.

'Oké, ik ben er over een halfuurtje', hoor ik Laurens zeggen.

Het gekke met xtc is dat je geen tijdsbesef meer lijkt te hebben. Ik heb geen idee hoeveel tijd er voorbij is als ik een auto buiten hoor stoppen. Snel probeer ik op te staan maar ga bijna onderuit op de hoge hakken.

'Gaat het, Eef?' Lisette kijkt me bezorgd aan, maar ik wankel al richting hal. Door het raam naast de voordeur kijk ik naar buiten en zie hoe Laurens de auto vlak voor de deur parkeert. Dan krijg ik de schrik van mijn leven! Bij hem in de auto zitten vier mannen in legerkleding met van die camouflagevlekken. Wat is dat nou, zoiets doe je toch niet als je ergens uitgenodigd wordt? Dan neem je toch niet allemaal vrienden mee zonder iets te zeggen? Ineens kijken ze allemaal mijn kant op en laten hun hagelwitte tanden zien in een grijns die niet zou misstaan in een horrorfilm. Ik geef een schreeuw, waarop de anderen naar de gang komen rennen. Hakkelend wijs ik naar buiten.

'Ik zie niks.' Lisette tuurt door het glas. Dan zie ik Daniël door zijn knieën gaan van het lachen.

'Geniaal dit. Schat, je bent gewoon vet aan het hallucineren.'

Laurens wordt enthousiast begroet door iedereen en hoewel hij niet precies begrijpt waarom wij in een deuk liggen als hij binnenkomt, past hij zich snel aan de sfeer van de avond aan. Ik zie hoe hij een papiertje uit zijn zak haalt en een lijntje coke op tafel legt dat hij geroutineerd opsnuift. Ik voel me heerlijk en kruip tegen hem aan. Na een poosje beginnen we te zoenen. Terwijl de anderen nog druk in gesprek zijn trekt hij me overeind. Ik hoor niet wat hij aan Lisette vraagt, maar ze gebaart naar boven.

Laurens neemt me mee de trap op en even later belanden we in het enorme blauw-wit geruite Hästens bed van de huiseigenaren. De grote hoeveelheid MDMA die zich in mijn brein heeft genesteld voelt als een kolkende rivier in mijn hoofd. Ik zie onscherp en kan niet focussen. Telkens als ik ergens naar probeer te kijken loopt het beeld als het ware weg. Laurens trekt me boven op zich. Ik wil me naar hem toe buigen maar zie dan plotseling hoe zijn rechteroog uit zijn oogkas valt en aan een paar bloederige strengen op zijn wang blijft hangen. Niet in staat om me te bewegen staar ik naar de lege oogkas. Laurens merkt niets en kijkt me met zijn linkeroog verwachtingsvol aan. Het bungelende oog draait nu een beetje zodat het lijkt alsof het me aankijkt. Eronder loopt een dun straaltje bloed over zijn wang. Ik wil iets zeggen, maar er komt geen geluid. Het voelt alsof ik in een koker van glas zit, afgesloten van de buitenwereld en niet in staat om contact te maken. Terwijl ik blijf kijken vervormt zijn gezicht nu tot een soort horrormasker. Ik raak volledig in paniek en begin wild om me heen te slaan in een poging om weg te komen. Laurens pakt mijn armen vast en houdt me tegen zich aan tot ik wat kalmeer. Dan legt hij me naast zich neer terwijl hij over mijn haren strijkt.

'Ga jij eerst maar eens een poosje slapen', zegt hij zachtjes.

36

Sarah zit op het witte tweezitsbankje onder het raam van mijn woonkamer. Ze klemt haar handen rond de beker koffie die ik haar zojuist heb gegeven en kijkt aandachtig de kamer rond. Ik zie hoe haar blik blijft hangen bij de hoek waar Miguel al weken bivakkeert. Het donkerblauwe velours luchtbed is een beetje leeggelopen en leunt als een mannetje met gebogen schouders half overeind naast de eettafel tegen de muur. Van de vier eetkamerstoelen is alleen de onderkant van de poten nog zichtbaar. De rest is bedekt met stapels jassen, broeken, shirtjes en sportkleding. Sporttassen versperren de weg naar het hoekje waar mijn computertafeltje staat.

'Hoe gaat het nu met je studie? Lig je nog op koers?' Sarah kijkt me doordringend aan. Ik haal mijn schouders op en zucht.

'Niet helemaal. Ik weet het af en toe gewoon niet meer. Ik heb voor een aantal vakken een deadline, maar ik kan gewoon niet studeren in deze chaos.' Ik kijk weg in de hoop dat Sarah mijn plotseling opwellende tranen niet ziet.

'Weet je, Eef, dit kan zo niet langer.' Sarah klinkt ineens heel vastberaden. 'We gaan het anders doen. Miguel komt bij mij in huis. Fleur kan wel naast mij slapen, dan kan hij in haar kamertje. Heeft hij in elk geval een plekje voor zichzelf. En dan kun jij je storten op het afronden van je studie. Je móét het gewoon halen.'

's Avonds vertel ik Sven en Miguel wat Sarah en ik hebben besproken. Sven sputtert eerst een beetje tegen, maar Miguel neemt het gelukkig goed op. Hij begrijpt ook wel dat het niet aan hem ligt. We spreken af dat ik hem de volgende dag wegbreng met zijn spullen. Dat moet wel lukken in mijn autootje.

Als we aankomen bij de galerijflatwoning van Sarah staat Fleur al enthousiast op en neer te springen bij de voordeur. Ze vindt het geweldig dat ze voorlopig bij mama in bed mag slapen en kijkt ernaar uit om naast Bas nóg een grote broerfiguur in huis te hebben. Sarah trekt haar lachend opzij en laat ons binnen. Steunend laat ik de zware tassen in de gang op het laminaat ploffen en omhels haar. 'Dankjewel', fluister ik in haar oor.

Ze kust me op mijn wang. 'Wil je nog koffie of heb je haast?'

'Doe nog maar even een bakkie, dan ga ik daarna snel naar huis, aan de slag.'

Vrijdagmiddag belt Sarah.

'En, beetje kunnen opschieten in je opgeruimde huis?' Haar stem klinkt opgewekt.

'Ja, heerlijk! Ik heb ieder vrij uurtje kunnen besteden aan het updaten van mijn portfolio. Mijn eindassessment staat ook al gepland. Nog zes weken. Maar hoe is het bij jou? Gaat het goed met Miguel erbij?'

'Ja hoor, het is wel druk, maar geen probleem.' Sarah aarzelt even. 'Heb je al plannen voor vanavond? Ik dacht dat het misschien lekker is om samen naar Bloemendaal te rijden. Gewoon even eruit.'

Ik kijk naar buiten. Het is prachtig weer, echt jammer dat ik al dagen binnen zit. Morgen heb ik geen school, dan gaan we met Lisette en de kinderen naar Castricum aan Zee. Dus heel vroeg op hoef ik ook niet. 'Misschien wel even goed om te doen, ja.'

'Zo is het, je hebt het verdiend', antwoordt Sarah. 'Ik ben over een uurtje bij je.'

We zijn niet de enigen die op het idee zijn gekomen om de avond door te brengen op een terras aan zee, maar dat maakt ons niets uit. Vrolijk sluiten we aan bij de rij langzaam richting kust rijdende auto's. Raampjes open, harde muziek, luid meezingen, voeten op het dashboard. De naderende zomer maakt plotseling het leven weer een stukje mooier.

'Je telefoon gaat.' Sarah probeert boven de muziek uit te komen, maar ik hoor het niet. 'Je telefoon!' Ze wijst nu driftig naar mijn tas die op de grond staat. Ik duik voorover en neem snel op.

'Heeey kanjer, met Roy, hoe is het?' Het duurt heel even tot het tot me doordringt wie hij is. Het is alweer een aantal weken geleden dat ik onverwacht een nacht met hem heb doorgebracht na een avond stappen. Eerlijk gezegd had ik niet verwacht ooit nog iets van hem te horen nadat ik hem 's morgens min of meer de deur uit zette omdat ik hals over kop naar school moest.

'Waar ben je?' hoor ik hem vragen.

'In de auto, op weg naar Bloemendaal.' Ik draai de volumeknop van de radio naar links om hem beter te kunnen verstaan.

'Jammer, ik wilde vragen of je naar me toe kwam. Kun je niet een andere keer naar het strand?' Hij zet een klagerig stemmetje op waar ik vervolgens om moet lachen.

'Nee, ik ben samen met een vriendin, andere keer maar.'

Het blijft even stil, dan hoor ik Roy zeggen: 'Dan neem je haar toch mee?'

Sarah kan het gesprek aardig volgen en schiet in de lach om zijn opmerking, ook al kent ze hem alleen van de verhalen.

'Lachen jullie me nou uit?' Roy doet quasi gekwetst. 'Nou ja, echt niet aardig, dit.'

Nadat we op het strand zijn aangekomen om ontspannen met een drankje naar de ondergaande zon te kijken, belt Roy nog een paar keer om te vragen waar we blijven. Bij de derde keer zegt Sarah: 'Volhoudertje, hè. Zullen we dan maar gaan?'

37

Drie kwartier later parkeert ze de auto bij Roy voor de deur. We moeten een paar trappen op, zijn appartement ligt op de tweede verdieping en heeft een groot dakterras. Hij begroet ons uitbundig, rondspringend als een jong hondje.

'Echt tof dat jullie zijn gekomen! Ik had het eerlijk gezegd niet gedacht. Wat willen jullie drinken? We kunnen buiten zitten, het is nog lekker op het terras. We zitten hier helemaal vrij, zie je wel?' Hij staat in de opening van de openslaande tuindeuren en gebaart naar buiten om zijn verhaal nog extra te onderstrepen. Sarah en ik stappen over de hoge dorpel op de houten terrastegels die als een soort reuzenschaakbord op het dak liggen. We laten ons zakken op de tuinmeubelen van kunststof riet, bedekt met gifgroene kussens. Roy rent druk pratend heen en weer met glazen, een asbak en een karaf water. Een karaf water! Wat is hij van plan?

'We kunnen ook een pilletje nemen. Ik heb hele goeie.' Hij zegt het bijna langs zijn neus weg. Ineens valt er een bijna ongemakkelijke stilte. Roy kijkt nu met puppy-ogen van de een naar de ander. Dan begint Sarah proestend te lachen, waardoor ik ook niet meer in de plooi kan blijven. Met z'n drieën liggen we in een deuk.

'Goeie binnenkomer', hikt Sarah. Als Roy naar binnen verdwijnt om het spul te halen kijkt ze me aan. 'Jemig, Eef, wat een lekker ding!'

'Zei ik toch?' Ik grijns naar haar.

Even later liggen we alle drie onderuitgezakt op de loungebank gezellig kletsend te wachten op wat er gaat komen. Tenminste, Roy en Sarah. Ik heb het kleine witte pilletje met vage opdruk, dat Roy me heeft gegeven, ongezien in het zakje van mijn jeansrokje gestopt. Na die avond in het oppashuis van Lisette heb ik me voorgenomen voorlopig geen gekke dingen meer te doen. Vanuit de woonkamer klinkt trancemuziek. Ik hoop stiekem op wat meer toenadering van Roy, iets waaruit blijkt dat hij onze hete nacht nog niet is vergeten. Maar Roy doet zijn best om zijn aandacht over ons te verdelen. Uit niets blijkt dat hij liever met mij alleen zou willen zijn.

Ineens staat Sarah op. 'Even plassen, hoor.' Ze wankelt een beetje als ze naar binnen loopt. Ik kijk naar Roy die nog steeds onderuitgezakt met zijn ogen dicht zichtbaar ligt te genieten. Zijn handen bewegen mee op de muziek. Dan staat Sarah in de opening van de terrasdeur.

'Je hebt een ligbad! Vind je het goed als ik erin ga?' Zonder het antwoord af te wachten loopt ze terug naar binnen en begint zich uit te kleden. Roy komt overeind en tuurt naar binnen. 'Doe of je thuis bent', hoor ik hem zeggen. Dan kijkt hij me aan. 'Het wordt frisser, zullen we ook maar naar binnen gaan?'

We nemen de glazen mee en installeren ons samen op de bank. Ik probeer krampachtig het gesprek op gang te houden maar hij is er met zijn hoofd niet bij. Ineens staat hij op en verdwijnt zonder iets te zeggen naar de gang. Ik neem aan dat hij naar het toilet is, maar als hij na een minuut of tien nog steeds niet terug is besluit ik om maar eens te gaan kijken.

Er brandt gedempt licht in de gang. Ik weet de weg niet en duw de deuren die ik tegenkom een voor een open tot ik bij de badkamer kom. In het schijnsel van wel twintig brandende waxinelichtjes zie ik Sarah voorovergebogen staan, haar handen leunend op de rand van het bad. Roy staat achter haar en houdt haar heupen vast. Hij is naakt, net als zij. Ik zie hoe hij keer op keer ruw tegen haar aan beukt. Bij elke stoot hoor ik een soort dierlijke kreun. Een golf van misselijkheid overspoelt me, ik wankel en kan nog net het deurkozijn vastgrijpen. Sarah hoort het en kijkt achterom over haar schouder met een verontschuldigende blik.

'Sorry, Eef.'

Ik ren terug naar de kamer en kruip trillend in een hoekje van de bank. Hoe kan ze dit nou doen nadat ik haar zo in vertrouwen heb genomen, alles heb verteld over die nacht met Roy? Het enige wat ik nu wil is weg, naar huis, maar het kan niet. We zijn hier met Sarahs auto. Langzaam voel ik hoe ik kapotga, genegeerd en afgewezen door Roy en verraden door mijn beste vriendin.

38

Het is tegen twaalven als Sarah me thuis afzet. We zwijgen allebei als ik mijn spullen bij elkaar raap en snel het portier opendoe.

'Slaap lekker, liefie, zie ik je morgen op het strand?' Sarah raakt mijn arm even aan, maar ik trek hem weg en stap uit zonder antwoord te geven.

Sven en Mylène slapen als roosjes in het kleine kamertje, maar ik lig nog uren te draaien en val pas tegen de ochtend in slaap. Het gepiep van de wekker brengt me direct weer terug in de pijnlijke realiteit. Snel kleed ik me aan, zet koffie, stuur een lang bericht aan Lisette en maak Sven en Mylène wakker. Als een robot loop ik door het huis om spullen bij elkaar te rapen. De strandtas is al gevuld met badlakens, een flesje zonnebrandmiddel en een pak Sultana's. Verder kan ik gewoon niets bedenken.

Eigenlijk kan het me ook allemaal niks meer schelen. Ik begrijp niet waarom ik de afspraak niet gewoon afzeg. Het leek zo leuk, met z'n allen op zaterdag naar het strand. Sven en Mylène, een vriend van Sven, Lisette, Sarah met haar zoon en dochter en Miguel.

De bel gaat. Lisette staat voor de deur. Ik heb haar via de app al een beetje verteld over Sarah en Roy, maar als ik opendoe en ze mij omhelst komen alsnog de tranen.

'Wat een kutstreek', sist ze in mijn oor. Vrijwel direct gaat de bel weer en komt de vriend van Sven binnen, die met ons meerijdt naar het strand. Ik zie hem kijken naar mijn rood behuilde ogen, maar hij zegt niets. Bijtend op mijn lip herpak ik mezelf en roep naar Sven dat we gaan. Even later zitten we met z'n vijven in mijn kleine autootje. De muziek staat hard en het drukke geklets van de jongelui op de achterbank stemt me weer wat vrolijker.

Het valt niet mee om een parkeerplaats te vinden. Iedereen wil zo dicht mogelijk bij de strandopgang staan. Dat betekent een flink stuk lopen.

'O, kijk mam, Sarah is er al met Bas en Miguel. En Fleur is er ook bij.' Sven wijst naar het groepje dat aan het begin van het schuin aflopende pad richting strand staat. Ingespannen tuur ik in de verte en voel mijn benen slap worden. Ze heeft Roy meegenomen! Ik voel paniek opkomen en blijf staan. De strandtas ploft uit mijn handen, op de grond.

'Eva? Wat doe je?' Ik voel Lisettes hand om mijn bovenarm terwijl alles zwart wordt voor mijn ogen. Dan hoor ik haar vloeken. Ze heeft het ook gezien. Ik besluit om me groot te houden. We lopen door naar het wachtende groepje en begroeten elkaar kort. Sarah en Roy lopen hand in hand voor ons uit het strand op alsof het de gewoonste zaak van de wereld is. We vinden een geschikte plek voor onze handdoeken net voorbij de laatste strandtent.

'Eerst maar koffie?' Lisette kijkt me vragend aan. Even later ploffen we neer op de loungekussens aan de rand van het terras.

'Goed van je, dat je je niet laat kennen.' Lisette houdt haar pakje sigaretten voor me. Dankbaar pak ik er een uit.

'Weet je, eigenlijk vind ik hem niet eens zo leuk meer. Het is meer de manier waarop het is gegaan. En het feit dat Sarah zich er niet eens bewust van lijkt te zijn dat ze me zo heeft gekwetst.' Ik blaas een grote rookwolk omhoog. 'Ze is volgens mij helemaal in de ban van hem.'

De weken erna besteed ik ieder vrij moment aan het zoeken naar geschikte woonruimte voor Sven en mij, nu de datum nadert waarop wij uit de kleine flatwoning moeten. Een huurwoning zit er niet in voor ons, maar gelukkig heb ik baangarantie gekregen aan het begin van mijn opleiding. Dat komt nu goed van pas, de organisatie is bereid mij een schriftelijke verklaring te geven waarmee ik een hypotheek kan krijgen. De eerste twee keer dat ik reageer op een woning vis ik achter het net, maar de derde keer is het raak. Mijn bod op een driekamerappartement met balkon op de achtste verdieping van een complex in een goede buurt wordt geaccepteerd. Ook al duurt het nog even voordat ik de sleutel krijg, ik kan mijn geluk niet op bij de gedachte dat ik straks mijn eigen woning heb.

Het contact met Sarah staat op een laag pitje. De keren dat wij elkaar zien is Roy er meestal bij. Het lijkt wel een getrouwd stel, ze gaat zelfs met hem mee naar zijn ouders in Brabant. Ik vermoed dat Roy een grootverbruiker is als het om drugs gaat en hij lijkt Sarah daar nu ook in mee te slepen. Ik hoor haar verhalen over feesten die een heel weekend duren en zie hoe haar toch al zo dunne lijf steeds magerder wordt.

Op een dag staat ze voor mijn deur. Ze is bij de huisarts geweest omdat ze zich niet goed voelt. Wat ze te horen heeft gekregen had ze zelf ook kunnen bedenken, zegt ze. Haar ongezonde leefstijl begint haar op te breken. Ze heeft een streng dieet gekregen om haar organen rust te geven en wat in gewicht aan te komen. Geen alcohol en andere ongezonde zaken.

'Ik ben gestopt met Roy. Hij maakt zichzelf nog kapot met zijn manier van leven. Ik wil daar geen deel meer van uitmaken, Eef.' Ze stopt even. 'Ik wil dat onze vriendschap weer wordt zoals eerst.'

Ik draai me snel om en loop naar de keuken. Leunend tegen het aanrecht vecht ik tegen mijn tranen. Boosheid, verdriet en frustratie gieren door mijn lijf. Dit is het moment dat ik haar de waarheid moet zeggen, haar eens goed moet laten voelen wat het met mij heeft gedaan. Dan staat ze ineens in de deuropening. Het is alsof ik haar magere schouders en smalle, getekende gezicht met de vermoeide ogen nu pas zie. Zwijgend kijken we elkaar aan. Hoe kan ik boos blijven op Sarah, mijn hartsvriendin, met wie ik zoveel heb doorstaan, die me zo goed kent? Ik stap naar voren, sla mijn armen om haar heen en houd haar even vast.

'Ik ben blij dat je er weer bent, Saar.' Ik kus haar op haar wang.

'Laten we afspreken dat we dit nooit meer laten gebeuren. Geen man is het waard om onze vriendschap zo op het spel te zetten.' Ik pak de bekers koffie op en volg Sarah terug naar de woonkamer.

'Ik weet het goed gemaakt', vervolg ik. 'Jij gaat thuis op elfhoog een gezondheidskuur volgen, met veel slaap en verse sapjes, en ik ga komend weekend voor de allerlaatste keer naar een feest. Daarna gaan wij samen een braaf huismoederleven leiden. En word ik een keurige schooljuf die een voorbeeld is voor haar kinderen.'

Sarah knikt heftig, maar het ondeugende trekje om haar mond ontgaat me niet.

'Hoe zat het ook alweer met onze sterrenbeelden? Allebei Tweelingen toch?' Ze grijnst even en neemt een slok van haar koffie.

39

De prettige opwinding die ik normaal voel bij het naderen van een goed feest wordt deze keer overschaduwd door een licht weemoedig gevoel. Nog één keer ga ik vanavond lekker op stap, daarna is het echt over. Natuurlijk zal ik nog weleens uitgaan en een drankje moet daarbij ook kunnen. Maar alles met mate. En zeker geen andere middelen meer. De tijd van gekkigheid is voorbij, een nieuw tijdperk breekt aan. Over een paar maanden woon ik samen met Sven in mijn eigen koopappartement en ben ik vijf dagen per week verantwoordelijk voor een klas vol kinderen. En ook al heb ik in de afgelopen twee jaar talloze interessante mensen ontmoet en een fantastische nieuwe vriendenkring opgebouwd, die ene leuke man die ik had gehoopt te vinden is niet voorbijgekomen. Sven en ik zullen het samen moeten zien te redden.

Zorgvuldig kies ik mijn outfit voor de avond uit. Als ik dan toch ga, dan nog maar een keer goed. Tevreden kijk ik naar mijn spiegelbeeld. Ik kan het korte zwarte jurkje met daaronder de zwart suède overknee laarzen nog wel hebben, al zeg ik het zelf. Met smokey eyes en roodgelakte nagels stap ik even later achter in de auto bij Daniël en Lisette.

'Pfieuw.' Daniël kijkt me in de achteruitkijkspiegel aan. 'Je ziet er goed uit, Eef. Ik bof maar weer dat ik met twee van zulke mooie vrouwen op stap mag.'

'Heb jij de tickets?' Lisette kijkt me over haar schouder aan. Ik houd het scherm van mijn mobiel voor haar neus. Boven de QR-code staan vetgedrukt de namen van een aantal bekende dj's. Normaal houd ik niet zo van hele massale feesten, maar deze wilden we niet missen. Zo vaak krijgen we niet de kans om de beroemdste dj's van de wereld te zien en horen draaien.

Het duurt een hele tijd voordat we binnen zijn ondanks de vele ingangen. Er wordt stevig gefouilleerd, toch altijd weer een vervelend moment, ook al komen we doorgaans zonder problemen binnen en heb ik vanavond niets te vrezen. Mijn laarzen moeten uit en worden ondersteboven uitgeschud, net als mijn tasje. De rode lippenstift en een tampon rollen over de grond tussen de wachtende rij mensen achter me. Een gespierde jongen bukt en houdt ze even later omhoog.

'Pas je wel op dat je je niet vergist?' Hij grijnst naar me terwijl hij ze onder luid gelach van zijn vrienden aangeeft. Ik grijns terug en pak ze van hem aan. Hinkend op één been trek ik mijn laarzen aan en loop snel richting Lisette en Daniël, die even verderop staan te wachten.

'Wat had jij nou weer?' Lisette kijkt me nieuwsgierig aan en zucht theatraal als ik vertel wat er gebeurd is. 'Echt weer iets voor jou.'

De enorme hal, die zowel voor concerten als sportevenementen wordt gebruikt, is helemaal in stijl aangekleed. In het midden een rond hoog podium vol apparatuur waarop een van de mindere goden de zaal probeert op te warmen met een stevige beat. Grote en kleinere witte bollen hangen als planeten in een onwerkelijk blauwzwart universum. Ze weerkaatsen de groene, blauwe en paarse lichtstralen die voortdurend bewegend op de muziek door de ruimte flitsen. Langzaam stroomt het vol. Sommige gasten zijn al goed in de stemming.

Vlak bij ons staat een groepje dat overduidelijk al het nodige aan geestverruimende middelen genuttigd heeft. Eén van hen, een kale man van rond de veertig, begint druk tegen ons te praten. De muziek is te hard om hem echt te kunnen volgen. Het maakt niet uit, ik heb het idee dat het nergens over gaat.

Ik neem kleine slokjes uit het plastic glas met wodka Red Bull. Niet mijn favoriete drankje, maar prima om af te wisselen met spa rood. Ik wil vanavond graag een beetje fris blijven en alles nog een keer echt beleven. Genietend dein ik mee op de muziek.

Er is een paar uur voorbij als er vlak achter ons plotseling iets gebeurt dat de aandacht trekt van de mensen om ons heen. Ik draai me om en zie de man met wie we eerder die avond nog hebben staan praten op de grond liggen. Zijn ogen draaien raar weg en zijn armen en benen maken spastische bewegingen. Straaltjes zweet lopen over zijn gezicht. Er is paniek, ik zie iemand wegrennen. Even later komen er twee mensen van de EHBO aanhollen. Er wordt een brancard opgeroepen waarmee het slachtoffer wordt afgevoerd. Een vrouw die kennelijk tot zijn vriendengroep behoort vertelt ons dat hij GHB heeft genomen. Ze had hem nog zo gewaarschuwd dat het geen goede combi was met pillen.

Het voelt alsof ik ontwaak uit een soort roes. Een onbehaaglijke sensatie overvalt me, ik voel plotseling een intense afkeer van de wereld waarin ik me bevind. Ik kijk om me heen en zie mensen die met verlopen gezichten wezenloos in het niets staren, bewegend op de muziek die ineens akelig monotoon klinkt. Misschien moest het zo zijn en is dit het ultieme moment om afscheid te nemen van een leven dat niet meer bij me past. Ik doe mijn best om geruststellend te glimlachen naar Daniël en Lisette, maar ze kennen me te goed.

'Ik vind het mooi geweest. Gaan jullie mee?' Ik draai me om en loop richting uitgang, wetend dat ze me volgen.

40

'O, daar zijn jullie eindelijk!' Mijn moeder spreidt haar armen en slaat ze om Sven heen, die haar vervolgens bijna platdrukt in een enthousiaste omhelzing. Een gesmoorde kreun ontsnapt aan haar lippen.

'Hai oma.' Zijn stem lijkt wel nog zwaarder te klinken dan voorheen. Ik kijk langs hen heen de kamer in en zie het koppie met de tondeusestekeltjes van mijn vader nog net uitkomen boven de rugleuning van de leren relaxstoel. Hij wacht rustig af, omdraaien lukt hem niet. Als ik voor hem sta en me vooroverbuig om hem een zoen te geven, ontmoet ik de liefdevolle blik in zijn grijsblauwe ogen.

'En, hebben jullie het fijn gehad?' Hij kijkt ons om beurten aan. Sven trekt een eetkamerstoel naar zich toe, hangt zijn jack over de rugleuning en ploft neer. Mijn moeder laat zich in haar eigen makkelijke stoel zakken. Vol aandacht kijken ze allebei naar Sven.

'Mama heeft ons 's avonds meegenomen, de zee op met een hele grote catamaran met wel duizend mensen en een dj en er waren allemaal vrouwen in een soort bikini die dansten op hoge pilaren met tralies eromheen.'

Sven is begonnen aan zijn monoloog, mijn ouders luisteren geduldig. Wat kennen ze hem toch goed. Vanaf zijn babytijd heeft hij zo vaak bij hen gelogeerd en een heel speciale band met hen opgebouwd. Sven is van kleins af aan altijd opa's 'gabbertje' geweest.

'De dansvloer was helemaal van glas met lampen eronder. Je kon gewoon de vissen zien zwemmen. Het werd al bijna licht toen we weer terugkwamen in de haven.'

'Nou, dan heb je al heel wat meer meegemaakt dan ik toen ik zestien was, ik geloof dat ik toen nog met een tol op straat speelde.' Mijn vader lijkt even af te dwalen naar zijn jeugdherinneringen, maar Sven eist zijn aandacht alweer op.

'Het hotel was hartstikke mooi, Marco en ik hadden samen een eigen kamer met een schuifdeur naar het terras. En er waren twee zwembaden, alleen moest je 's morgens al vroeg je handdoek neerleggen, anders had je geen bedje meer. En tussen de middag kon je bij de zwembadbar pizza eten, maar het eten 's avonds was niet zo lekker. Vis met heel veel graten en slappe patat.'

Mijn moeder kijkt hem lachend aan. 'Kom dan maar gauw weer eens bij ons eten, dan maak ik een grote pan chili con carne.'

'Lekker!' Sven ratelt door. 'We zijn ook nog met de bus

naar een plaats geweest met modderbaden en daar gingen we met een bootje naar de zee. Onderweg zwommen er reuzenschildpadden voor de boot en heel hoog in de rotsen waren oude koningsgraven. We kwamen bij een strand waar het zo heet was dat je niet op blote voeten op het zand kon lopen, dan kreeg je blaren.'

'Dat moet in Dalyan zijn, daar zijn oma en ik ook geweest.' Mijn vader heeft zijn hele leven een passie voor reizen en exotische oorden gehad en heeft altijd wel een anekdote paraat over bijzondere plekken die zij bezocht hebben tijdens de vele vakanties en verre reizen.

Terwijl Sven en hij verder kletsen over alle belevenissen in Turkije loop ik achter mijn moeder aan het kleine keukentje in.

'Nou meissie, het zit er weer op. Fijn dat jullie nog een paar weken lekker hebben genoten, je zal nu wel een pittige tijd tegemoet gaan, denk ik.' Ze praat verder, ondertussen de koffiekopjes vol schenkend. 'Je vader en ik zijn zo trots op je dat je je diploma hebt gehaald. Wie had dat gedacht, nou ben je toch nog een echte juf. Dat wilde je al toen je klein was.' Ze kijkt me aan met vochtige ogen. Ik sla mijn armen even om haar heen.

'Je zal het wel druk krijgen met je nieuwe baan, vijf dagen per week. En dan ook nog je huishouden erbij. En binnenkort je eigen huis. Van uitgaan zal nu wel niet meer zoveel komen.'

Ze zegt het terloops, maar de ondertoon ontgaat me niet. Ook al hebben mijn ouders me de afgelopen twee jaar onvoorwaardelijk gesteund, vooral mijn vader stak zijn mening over mijn nieuwe leven niet onder stoelen of banken. Ik knik even en pak snel het dienblad met koffie van haar aan.

'Ben je alleen gekomen?' De makelaar kijkt me aan met een opgetrokken wenkbrauw.

'Ja, was dat niet de bedoeling dan?' Ik slik het opkomende onbehaaglijke gevoel weg.

'Het maakt niet uit, maar meestal nemen mensen bij de overdracht wel iemand mee als ze in hun eentje een huis kopen.' Hij draait zich om en loopt vervolgens met grote stappen door de woning om alles te inspecteren. Ik probeer me te focussen terwijl hij kranen en sloten open en dicht draait en meterstanden opleest die hij vervolgens noteert. Dan gaan we op weg naar de notaris.

Het is halfelf 's morgens als ik voor het eerst de sleutel omdraai van de voordeur van het appartement, dat vanaf nu mijn eigendom is. Onwennig loop ik rond. Er moet veel gebeuren. Eerst moet het tapijt eruit en het behang van de muren, daarna zal alles geschilderd moeten worden en ik wil laminaat op de vloer. Ik open de balkondeur en kijk naar beneden. Best eng, achthoog. Ik pak mijn notitieboekje uit mijn tas en begin een actiepuntenlijstje te maken. Thijs en Leonie komen vanavond, misschien kunnen zij helpen om het groezelige, ooit zandkleurige tapijt los te trekken. Ik ga straks maar beginnen met het behang. Als het erg vastzit moet ik een stoomapparaat huren. Eerst maar proberen met warm water en een plamuurmes. Ik maak een tweede lijstje, van spullen die ik nodig heb. Emmers, plamuurmessen, vuilniszakken, schuurpapier. Ik peuter een stukje behang los in de gang en trek in één keer een hele baan van de muur. Dat is in elk geval een meevaller. Als het zo makkelijk loslaat is alles er in een paar uur af. Als een bezetene begin ik te scheuren. Na een uur ligt de vloer overal bezaaid met stukken behang.

De bel gaat. Lisette staat voor de deur met een fles bubbelwijn en een rol plastic bekertjes.

'Jeetje, wat gaaf!' Ze omhelst me enthousiast. 'Je eigen huis, gefeliciteerd! Je hebt het toch maar mooi gefikst.' Ze loopt voor me uit naar het balkon en ploft neer op het verweerde wit kunststof tuinbankje dat de vorige bewoners hebben achtergelaten. Dan draait ze het ijzerdraad van de fles los. De kurk plopt met een knal over het balkon en verdwijnt in de diepte. Lachend schenkt ze de schuimende wijn in de bekers en houdt er een voor me.

'Proost. Op een gelukkig leven in je nieuwe huis, en dat ik daar nog maar lang deel van mag uitmaken.' Ze tikt haar beker tegen de mijne, neemt een slok en slaat haar arm om me heen.

'Waar is iedereen trouwens? Ik had Sven hier wel verwacht. Hij kan toch ook komen helpen?' Ze stopt en kijkt me aan.

Ik neem snel een slok en ontwijk haar blik.

'Eef, hij is geen klein kind meer. Waarom ontzie je hem zo?'

Ineens voel ik tranen opwellen. 'Hij heeft hier toch ook allemaal niet om gevraagd?'

Lisette pakt me bij mijn schouders, ik zie de diepe frons in haar voorhoofd. 'Nee, maar jij ook niet. Hoelang blijf je je nog schuldig voelen tegenover Sven over hoe jullie leven gelopen is?' Ze springt overeind van het bankje.

'Kom, we gaan spullen halen en aan de slag hier. Genoeg te doen.'

47

Sven loopt met een onderzoekende blik rond in de fris geschilderde ruimte.

'Nou, wat vind je van je nieuwe kamer?' Verwachtingsvol kijk ik hem aan.

'Ziet er goed uit, mam.' Hij knikt goedkeurend.

Samen met Lisette, Miles en zwager Thijs heb ik het appartement op de achtste verdieping van de enorme betonnen blokkendoos de afgelopen weken grondig onder handen genomen en al zeg ik het zelf, het resultaat mag er zijn. Met een mix van gekregen en gekochte spullen, kleurig geverfde wanden en warm houtkleurig laminaat is het een gezellig plekje geworden voor Sven en mij.

'Zaterdag gaan we over, dan reken ik er wel op dat je meehelpt.' Ik zeg maar niets over de afgelopen weken, waarin Sven zich volkomen afzijdig heeft gehouden van alles wat met onze verhuizing te maken had en zich meer dan ooit op het gamen heeft gestort. Ik kan alleen maar hopen dat het meer geregelde leven dat ik voor ogen heb ook een goede uitwerking zal hebben op hem.

Het kost me niet veel moeite om te wennen aan het nieuwe appartement, dat in alle opzichten beter is dan de kleine armoedige flatwoning. Maar het allerbelangrijkste is: het is van mij. In een ultieme poging om zo veel mogelijk rust en regelmaat te creëren voor mezelf en voor Sven, kook ik avond aan avond gezonde maaltijden, zorg ik voor een opgeruimd huis en zit ik iedere avond uren te werken om de volgende dag weer goed voorbereid voor de klas te staan. Vijf hele dagen werken valt niet mee, zeker niet in het onderwijs. Ik kom er al snel achter dat je eigenlijk nooit klaar bent. Vrijdag laat in de middag ga ik doodmoe naar huis, telkens in de wetenschap dat twee vrije dagen niet genoeg zullen zijn om bij te tanken. Sven is zonder veel enthousiasme begonnen aan weer een andere opleiding. Ik praat voortdurend op hem in om hem te motiveren, maar als ik op zijn kamer kom is hij aan het gamen of aan het bellen met Mylène. De weekenden brengt hij meestal samen met haar door, bij haar thuis of bij ons.

Soms, tijdens mijn werk in de avonduren, dwalen mijn gedachten af naar alle gebeurtenissen van de afgelopen twee jaar. Alsof ik al die tijd in een achtbaan heb gezeten die nooit stopte maar waar ik onlangs in een buitenbocht uitgeslingerd ben, om vervolgens langzaam weer op te krabbelen en bij mijn positieven te komen. Mijn zoektocht naar avontuur en geluk heeft me gebracht op plekken en in situaties waar ik het bestaan voor die tijd alleen maar van kon vermoeden. Het heeft me zoveel nieuwe vriendschappen opgeleverd, maar de ware liefde heb ik niet gevonden.

Het derde weekend van september staat er eindelijk weer eens iets leuks te gebeuren, even een break na al dat harde werken. Sarah heeft een personeelsuitje waarvoor ze mij een poosje terug heeft meegevraagd. Deze keer geen boottocht naar Engeland maar een weekend met de bus naar Parijs. Het leek me heerlijk, even samen weg, maar hoe meer de vertrekdatum nadert, hoe meer de paniek bij me toeslaat. Mijn werk slokt me volledig op, ook de weekenden breng ik voor een groot deel achter de computer door, wanhopig proberend me het vak van leerkracht in de praktijk zo snel mogelijk eigen te maken.

'Hoe bedoel je, ik ga niet mee?' Sarahs stem klinkt half verbaasd, half geïrriteerd. 'Je weet dit al maanden.'

'Ja, sorry, je hebt gelijk.' Ik had er erg tegenop gezien om haar te bellen, maar een heel weekend weg kan nu gewoon niet. Dat zou betekenen dat ik maandag mijn zaakjes niet op orde heb.

'Kun je niet vragen of Lisette met je mee wil?'

Een uur later belt Lisette.

'Jij bent ook een lekkere! Zo op het laatste moment afzeggen. Maar goed, ík ga dus mee naar Parijs in jouw plaats. Nu heb ik alleen een vraag aan jou.' Lisette laat even een pauze vallen. 'Je weet toch dat Margriet komende zondag meeloopt?'

Ik denk even na. Dat is waar ook, dit weekend vindt weer het jaarlijkse hardloopevenement plaats dat eindigt in het centrum hier vlakbij. Alle kroegen staan dan 's middags al vroeg vol met mensen die iemand komen aanmoedigen of die gewoon de gezelligheid opzoeken en de gelegenheid aangrijpen om weer eens een drankje te doen met bekenden.

Lisette gaat verder: 'Ik had beloofd voor haar bij de finish te staan. Wil jij dat dan in mijn plaats doen?'

Ik voel opluchting, ze is dus niet boos over mijn onhandige actie. Trouwens, een weekend Parijs zomaar ineens in de schoot geworpen krijgen is toch ook niet verkeerd? En Margriet, de tante van Lisette, is tenslotte mijn vriendin.

'Geen probleem, zondagmiddag is het toch? Ik zorg dat ik er sta.'

Het is laaiend druk in de stad, overal staan dranghekken. Met moeite vind ik een plekje waar ik mijn fiets achter kan laten en wurm me vervolgens door de menigte om de finish te bereiken. Net op tijd om Margriet rood en bezweet over de streep te zien rennen. Ik juich haar toe ook al kan ik niet bij haar komen.

'Ik zie je zo, bij Het Anker!' Ondanks het geschal door de luidsprekers en de harde muziek begrijp ik wat ze roept. Ze gebaart richting het stadsplein en ik besluit alvast maar die kant op te gaan.

Een halfuur later staat ze voor me en houdt de medaille, die aan een gestreept lint om haar nek hangt, omhoog.

'Mijn beste tijd tot nu toe.' Ik hoor de trots in haar stem.

Ze ziet er verrassend goed uit na de barre tocht van ruim 16 kilometer. Ik doe het haar niet na.

'Colaatje?' vraag ik. Ze knikt. 'Lekker, een beetje suiker kan ik wel gebruiken.'

Ik loop naar de buitenbar die voor de gelegenheid is neergezet en bestel twee cola. Er wordt geschonken in plastic glazen. Als ik me omdraai zie ik dat haar man en nog wat vrienden zich bij haar gevoegd hebben. Met elkaar staan ze bij de ingang van het café, waarvan de hele glazen voorgevel voor dit evenement is opengeschoven. Ik bestel nog wat extra drankjes en loop even later met een volle kartonnen tray terug naar het groepje. Mijn telefoon trilt kort in mijn broekzak. Snel deel ik de bekers uit en open daarna het scherm. Het is een berichtje van Sarah. Ze hebben het fantastisch, 25 graden in Parijs en de stemming zit er goed in. Ik laat het berichtje aan Margriet lezen.

'Wat fijn voor hen! Lisette had er ook zo'n zin in om mee te gaan. Wel jammer voor jou dat je het nu mist.' Ze kijkt me een beetje meewarig aan.

'Ach, het was een goede beslissing, ik had het echt niet gered.'

Snel duw ik het opkomende gevoel van moedeloosheid weg terwijl ik terug proost naar de anderen. Ik probeer het gesprek te volgen en glimlachend te antwoorden op de vragen hoe het met mij en Sven gaat, met mijn huis, mijn werk, maar merk dat ik mijn aandacht er niet bij kan houden. Ik kijk om me heen en tuur vanuit het daglicht naar binnen. Mijn blik blijft hangen bij een lange, slanke man die in de schemer vlak bij de bar staat. Ik kan hem niet goed schatten in het zwakke licht, maar aan zijn grijzende slapen te zien hij moet minstens van mijn leeftijd zijn. Hij draagt een donkere jeans met een strak zwart T-shirt erop, waar zijn gespierde armen goed in uitkomen. Ik zie hem praten met twee vrouwen, een oudere en een wat jongere. De oudste leunt met haar arm op zijn schouder, haar mond vlak bij zijn oor. Ondertussen kijkt hij naar mij. Als onze blikken elkaar ontmoeten trekt hij even zijn wenkbrauwen op terwijl zijn mond een geamuseerd lachje laat zien. Zou het zijn vrouw zijn? Dan is het wel raar dat hij hier een beetje met mij staat te flirten. Verward kijk ik weer voor me.

'Joehoe, waar zit je?' Margriet kijkt me lachend aan. 'Ik zei dat ik zo naar huis ga, lekker douchen.'

'Gelijk heb je, ik maak het ook niet te laat, ik ga bij mijn zus eten.' Ik zie hoe ze iedereen gedag zegt en in de menigte verdwijnt. Dan voel ik een grote, stevige hand op mijn arm.

'Alsjeblieft.' De lange man die net nog binnen stond, staat naast me en reikt me een beker cola aan. Ik draai me om, naar hem toe. Zelf houdt hij een longdrinkglas met cola en ijsblokjes in zijn hand. Vast een mixdrank, in zo'n glas, denk ik.

'Dankjewel.' Weer kijk ik in zijn ogen. Hij lacht naar me en ik voel ineens hoe alles om ons heen lijkt te verdwijnen. Alleen wij tweeën staan daar nog. Geen mensen meer, geen muziek, geen lawaai.

'Ik zag dat je cola drinkt. Dit leek me een goede poging om je te leren kennen.' Zijn stem klinkt warm en donker. Hij vraagt voorzichtig of ik bij iemand uit het gezelschap hoor. Als ik mijn hoofd schud ontspant hij zichtbaar.

'En jij dan? Is dat niet je vrouw met wie je stond?'

Hij lacht nu breeduit. 'Dat is een tante van me, met haar dochter. We schelen niet zoveel, dus ik begrijp wel dat je dat dacht. Het is ook een mooie dame, zeker voor haar leeftijd.'

Dan steekt hij ineens zijn hand naar me uit. 'Ik heb me niet eens voorgesteld: Frank.' Een grote, sterke hand omklemt de mijne, ik voel een aangename druk.

'Ik ben Eva.' Stiekem gluur ik even naar de aders op zijn onderarm, die duidelijk zichtbaar zijn onder zijn gebruinde huid.

We beginnen te praten, onze gezichten dicht bij elkaar vanwege de herrie om ons heen. Ik voel zijn adem in mijn gezicht en ruik een lichte pepermuntgeur. Alles aan deze man is verzorgd, hij maakt een ijdele indruk op een prettige manier.

'Ik heb je nooit eerder gezien, kom je ook uit deze omgeving?' vraagt hij. We ontdekken dat we vlak bij elkaar hebben gewoond en dat zijn dochter op dezelfde school heeft gezeten als Sven. 'Hoe is het mogelijk? Dan moeten we toch op z'n minst weleens allebei bij het hek van de school op onze kinderen hebben staan wachten?' Ik graaf tevergeefs in mijn geheugen. De tijd verstrijkt, we praten aan één stuk door. Urenlang. Ik begrijp niet wat er gebeurt. De woorden blijven maar uit me stromen, alsof niets anders op de wereld er nog toe doet. Alsof er nog maar één ding is dat telt, namelijk deze man met zijn onweerstaanbare lach en groene ogen zo snel mogelijk duidelijk maken dat ik niet ben wat hij zoekt. Dat hij nietsvermoedend is afgestapt op een vrouw die twee jaar lang bijna iedere dag heeft geleefd alsof het haar laatste was, stommiteiten heeft uitgehaald, mensen heeft bezeerd, zelf genadeloos is gekwetst, op het randje heeft gebalanceerd en zo'n beetje alles heeft gedaan dat God verboden heeft. Dat het voor ons allebei het beste is om na deze korte ontmoeting zo snel mogelijk weer ieder onze eigen weg te gaan.

Maar als ik eindelijk even stil ben, kijkt hij me aan met zijn lieve, ondeugende ogen en fluistert: 'Een vrouw naar mijn hart.'

We wisselen nummers uit, Frank belooft me te bellen om iets af te spreken. Snel zoek ik mijn fiets om richting Leonie te gaan. Ze heeft gevraagd of Sven en ik om zes uur komen eten, dat ga ik nooit meer redden. Terwijl mijn hart bij iedere hobbel een klein extra sprongetje maakt, trap ik zo hard als ik kan. Leonie doet de voordeur open. Ze kijkt me even aan met een diepe frons, ik zie dat ze iets wil zeggen. Dan ziet ze kennelijk de sterretjes in mijn ogen en haar uitdrukking wordt zachter.

'Wat ben je laat, we werden al ongerust. Sven is er ook, we waren net begonnen met eten.' Ze stapt opzij om me binnen te laten.

42

De volgende dag kijk ik minstens tweehonderd keer op mijn telefoon, telkens in de hoop een berichtje van Frank te krijgen. Het blijft stil aan de andere kant. De dagen verstrijken, mijn heerlijke gevoel over onze ontmoeting begint langzaam weg te ebben en maakt plaats voor een gevoel van triestheid. Eindelijk, na vijf dagen, komt zijn berichtje.

Dag mooie vrouw, ik heb nog eens heel goed nagedacht, maar denk toch dat ik het hierbij wil laten. Met je mooie blauwe ogen en stralende lach stak je voor mij ver uit boven de rest zondagmiddag. Ik heb genoten van je verhalen en je hebt me zeker nieuwsgierig gemaakt, toch denk ik dat we te veel verschillen en dat je je met mij snel zou vervelen omdat ik in een totaal andere levensfase zit dan jij. Het ga je goed, liefs Frank.

Bam. Weg dromen. Weg misschien wel mooie toekomst met deze fantastische man. Hij wil me niet. Zie je wel. Ik ben te eerlijk geweest. Maar hoe kon ik niet eerlijk zijn tegen hem? Ik voel paniek, ik moet iets doen. Niets overhaasten. Rustig nadenken over een antwoord.

Het is uren later als ik eindelijk klaar ben met mijn appje aan Frank en met trillende vingers op 'verzenden' druk. Een antwoord waarin ik mijn uiterste best heb gedaan om uit te leggen dat ik juist van plan ben om mijn leven radicaal om te gooien, behoefte heb aan een leven met meer regelmaat voor mijn zoon en mezelf en waarin geen ruimte meer is voor de uitspattingen waarover ik verteld heb. Dat ik met mijn openhartigheid hem misschien wel volledig op het verkeerde been heb gezet en graag een kans zou krijgen om te laten zien dat ik het vanaf nu totaal anders wil gaan doen. Het blijkt een schot in de roos, misschien was dit wel het antwoord waarop hij had gehoopt, want binnen een minuut ontvang ik een appje met alleen maar de vraag: *Wat doe je zaterdagavond?*

Nerveus open ik de deur van het Mexicaanse restaurantje waar we hebben afgesproken. Ik zie hem direct zitten aan een tafeltje bij het raam. Hij staat op en begroet me met drie zoenen en een vleugje Aqua di Gio. In zijn donkere jeans en zwarte shirt met lange mouwen ziet hij er weer net zo goed uit als een week geleden. Zijn grijzende haar maakt hem alleen maar nog aantrekkelijker. Mijn hart maakt een stiekem vreugdedansje om deze herkansing. Ik hoop dat ik deze man vanavond tot andere gedachten kan brengen. De letters op de menukaart dansen voor mijn ogen, ik weet niet of het door de zenuwen komt of door het schaarse licht. Dan zie ik hoe Frank een serveerster wenkt en vraagt of ze een leesbril voor hem heeft. De dame brengt een glas vol brillen en opgelucht vissen we er allebei een passend exemplaar uit, ondertussen lachend om dit overduidelijke teken van verval. Het ijs is gebroken.

Aan het eind van de avond fietst Frank met me mee om, zoals hij zegt, me netjes thuis te brengen. Bij de ingang van de flat stoppen we. Hij bedankt me voor de fijne avond, ik bedank hem voor het diner. Hij stond erop om te betalen. Dan wenst hij me welterusten en kust me op mijn wang. Even later sta ik, nog een beetje beduusd, in het kille tl-licht van de lift. Waarom vroeg hij niet of hij nog even wat bij me zou komen drinken? Dat is toch wat mannen willen? Zo gaat het toch altijd? En daarna het liefst blijven slapen. Wilde hij het dan toch liever hierbij laten? Zie je wel, ik ben gewoon niet de vrouw die hij zoekt. Welke signalen heb ik gemist tijdens het eten? De vragen tollen door mijn hoofd en tijdens het tanden poetsen zakt een grauwe deken van onzekerheid en pijn om waarschijnlijk de zoveelste afwijzing langzaam over me heen. Ik kruip in mijn koude bed en rol me op. Koortsachtig probeer ik me ieder detail van de avond te herinneren. Ik wil het niet maar voel hoe mijn ogen zich vullen met tranen. Op mijn nachtkastje maakt mijn telefoon het geluid van een binnenkomend berichtje. Ik schiet overeind en open het scherm, niet wetend of ik ril van de kou of van de zenuwen. Lachend door mijn tranen heen lees ik: *Morgenmiddag samen een strandwandeling? Ik kom je ophalen om twee uur xx*

Omslagontwerp: Buro Blikgoed
Omslagbeeld: Shutterstock/Roman Samborskyi
Zetwerk: Mat-Zet bv, Huizen
Druk: Wilco

Eerste druk mei 2023

ISBN 978 94 6068 626 9
E-ISBN 978 94 6068 706 8
NUR 343

Uitgeverij Marmer BV
Noorderstraat 55
3742 BB BAARN
T: +31 649881429
www.uitgeverijmarmer.nl
info@uitgeverijmarmer.nl

: @lindaprinsauteur
: @lindaprinsauteur
www.lindaprins.com